改訂版 NEW マーク・記号の大百科

3 食品や衣類、家庭用品

もくじ

JAS
認定機関名

ぐんま食育応援企業
群馬県

JAPAN CHICKEN
国産チキン
あんしんも、おいしさも。

JAS
認定機関名

全国辛子めんたいこ公取協
公正

大阪産(もん)

この本を読むみなさんへ

太田幸夫

私たちの身の回りには、たくさんのマーク・記号があります。家にある電気製品、学校で使う文房具やコンピュータ、図書館にある本、駅にある案内表示、街にある自動販売機や道路標識など、さまざまなマーク・記号が思いうかぶでしょう。

マーク・記号は、「色や形で意味を表すしるし」です。そして、それを目にした人に、何らかの意味を伝えるという役割を持っています。人に何かを伝えることを、コミュニケーションといいます。コミュニケーションの道具として、まず思いうかぶのは、ことばや文字かもしれません。ことばや文字も広い意味では、マーク・記号にふくまれますが、ことばや文字だけでは、伝えたいことがじゅうぶんに伝わらないこともあります。ことばの通じない外国人や文字の読めない小さい子とコミュニケーションをとることを想像すればわかるでしょう。そんなときに、見ただけで意味をイメージできる、ことばや文字以外のマーク・記号が大きな役割をはたします。

このシリーズ、『改訂版　NEWマーク・記号の大百科』では、身の回りにあるマーク・記号を取り上げ、その意味や成り立ち、役割などを説明しています。この本を読むことで、マーク・記号についての知識を深めるとともに、マーク・記号が持つ大きな可能性に気づいてもらえればと思っています。

現代は、国際化が進み、さまざまな国の人たちとの交流がさかんです。また、地球環境を守ることにも関心が高まっています。いっぽうで、大地震や津波などの災害も心配されています。じつは、マーク・記号は、こうしたこととも深い関わりを持っています。まさに現代は、マーク・記号がなくてはならない時代だといえるでしょう。このシリーズの「NEW」には、たんに「新しい」という意味だけでなく、「時代が求めることに対応している」という意味がこめられているのです。

このシリーズの使い方

『改訂版　NEWマーク・記号の大百科』では、巻ごとにテーマを決め、そのテーマに関するマーク・記号を取り上げています。マーク・記号の意味や成り立ち、役割を説明するとともに、使われている製品などの写真をのせています。身の回りのマークや記号について調べる際の参考にしてください。どのページにどんなマーク・記号がのっているかを調べるときは、もくじやさくいんをひいてみましょう。

注意

●マーク・記号は、法律で定められているもの、JIS（日本産業規格）やISO（国際標準化機構）の規格があるもの、業界の団体や企業が独自につくっているものなどがあります。ここでは、できるだけ、マーク・記号の制定者・団体が定めたものを紹介しています。

●マーク・記号の名前は、原則として正式名称にしています。

●印刷用インクの関係で、指定されている色と少しちがう色になっているマーク・記号があります。

●色の決まりのないものは、独自につけている場合があります。

●JISの規格があるマーク・記号は、そのことがわかるように表示しています。

※本書は、『NEWマーク・記号の大百科』（2016年刊）を改訂したものです。
※特に断りのない場合は、2020年1月現在の情報に基づいています。

各地の特産品・名産品のマーク

日本各地には、さまざまな特産品や名産品があります。地域の気候や風土、特別な生産方法などによってつくられた特色のある農産物や水産物は、高い品質が評価されています。このような食品を、ブランド品として認定し、保護する制度が、国や都道府県などに設けられています。認定された食品には、そのことを示すマークがつけられています。

富山県

富山ならではの魅力ある県産品を、とやまブランドとして認定。認定品には富山県がほこる風景が使われたマークをつけることができる。

富山県観光・地域振興局

⬅ます寿し

京都府

農林水産物の中から京都らしいイメージを持つ品質の優れたものにつけられる。マークは、京都（Kyoto）のKに、豊かな実りの源である「大地」「水」「太陽」を3本線で表す。

公益社団法人　京のふるさと産品協会

丹後ぐじ

京都府産黒大豆　新丹波黒

三重県

三重県の豊かな自然や伝統など、地域の特性を生かした生産物から特に優れた県産品と生産者が認定される。マークは、人間の持つ温かい心、ふれあい、創造、活力を表現する。

⬆イセエビ

三重県農林水産部

鹿児島県

ブランド品として高く評価される農畜産物につけられ、産地のほこりと品質が保証される。マークの青、緑、オレンジ、赤の色はそれぞれ、南国の広い青空、大自然のもたらすめぐみ、人の情熱、鹿児島を象徴する太陽を表す。

⬆かごしまのマンゴー

⬆かごしま黒豚

鹿児島県農政部

沖縄市（沖縄県）

沖縄市の優れた商品を公募し、専門家による審査によって認定された食品につけられる。

⬆ステーキソース

「国内外国KOZA」
KOZA
STARS
沖縄市地域ブランド認定制度

(一社)沖縄市観光物産振興協会

青森県

全国にほこれる農林水産物や青森生まれの製品の宣伝のためのマーク。生産者と消費者の強い信頼関係を円（＝縁）で表現している。

決め手は、青森県産。 青森県

⬆りんご

北海道

オホーツク地域の原材料を主原料とし、品質が優れ、地域のイメージを持つ安全でおいしい製品につけられる。流氷の海とサケ、アザラシを組み合わせて、自然と品質を表現したマーク。

認証

公益財団法人オホーツク地域振興機構

⬅チーズ

かわさき名産品認定事業実行委員会

⬆おみやげ品のおかし
2019年4月現在

川崎市（神奈川県）

川崎市内でつくられている製品から、おみやげにも使える川崎らしい品物につけられる。「音楽のまち・川崎」をイメージさせるデザイン。

茂原市（千葉県）

茂原名産品開発委員会が設けた審査基準に達し、「茂原謹製」の推奨品に認定された商品につけられる。

茂原市商工観光課

⬆天の川ロール

⬆七夕星せんべい

静岡県

多彩で高品質な農林水産物の中から、全国や海外にほこれる価値や特長を持つ商品につけられる。富士山の形と「食」の字をデザイン化したマーク。

静岡県経済産業部

➡メロン

⬆サクラエビ

農林水産省

GIマーク

農林水産省が地域の特性と結びつきのある産品の名称を保護する「地理的表示（GI）保護制度」に基づき登録された農林水産物等を、国内外の消費者にわかりやすく示します。マークは、大きな日輪を背負った富士山と水面をモチーフにし、日本らしさを表現しています。

食品のマークや記号

食品には、品質を保証するマーク、公的な機関や業界の団体が認めたマークなどがついています。食品の成分や効果、生産過程などが基準を満たしていることを示しているのでマークを見れば食品を選ぶときの目安になります。また、近年は、食に対する取り組みが活発になり、その取り組みに関するマークがついている食品もあります。

食の品質を表すマーク

食品の品質を表すJASマークがついている食品。食品の種類や製造のしかたなどによって、いくつかの種類がある。

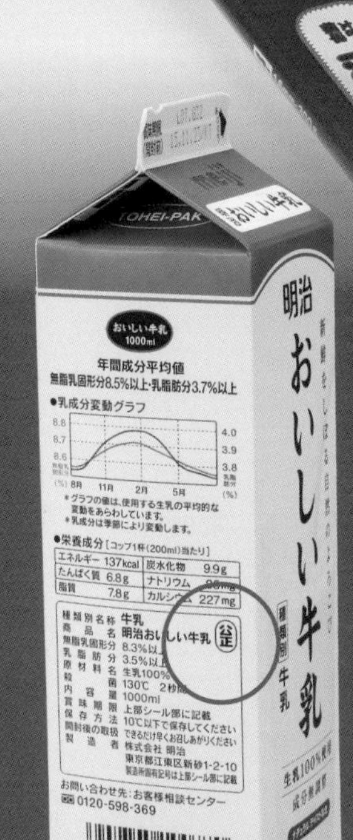

食品についているマーク

全国飲用牛乳公正取引協議会の基準に合った製品であることを示す公正マークがついている牛乳。

食の取り組みについてのマーク

地元で生産された食品を食べることを呼びかける、地産地消のマークがつけられた食品。

広島市経済観光局

2016年1月現在の商品です。

食品の品質を表すマーク

食品の品質を表すマークとして、JASマークがあります。このマークがついている食品は、品位や成分、生産方法などが、決められた規格に合っているものです。

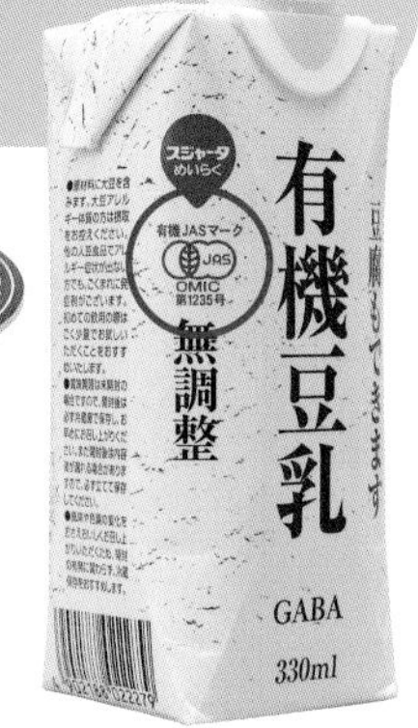

JASマークがついている食品。

JASマーク

JAS法（日本農林規格等に関する法律）に基づき、農林水産大臣が定めたJAS規格（日本農林規格）に適合しているマークです。

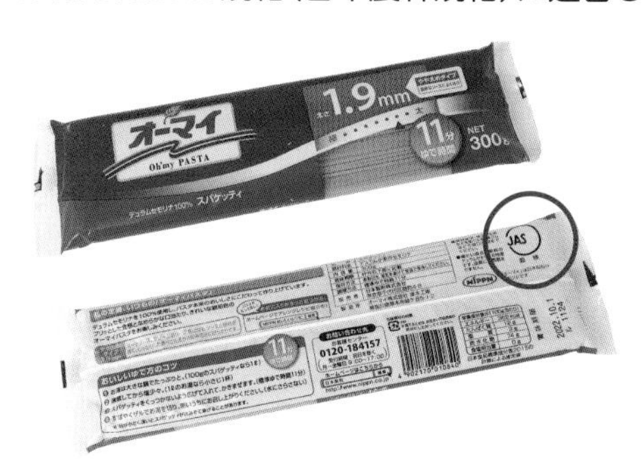

JASマーク

JAS規格による格付けに合格した食品や林産物などについている。

等級入りJASマーク

ベーコン、しょうゆ、ジャム類、トマトケチャップなど、品目によっては、特級・上級・標準などの等級を表示。

食用植物油脂JASマーク

JAS規格による格付けに合格した食用植物油脂についている。

特色JASマーク

つくり方などに特色のある食品や、生産情報を公表している農産物についている。

有機JASマーク

化学肥料などをできるだけ使わず、有機栽培された農産物やその加工食品などにつく。

食品についているいろいろなマーク

JASマークのほかにも、消費者庁などの国の機関が認定したマークや、各種の食品の業界団体が認定したマークがあります。新しいタイプの食品が登場すると、それに対応するマークができることもあります。

特別用途食品・特定保健用食品マーク

特別用途食品は、病気の人や妊産婦、乳児など、特別の用途に適することを表示する食品で、特定保健用食品(トクホ)は、保健の目的が期待できることを表示する食品です。これらの表示には、消費者庁長官の許可が必要です。

↑特別用途食品マーク

健康上、特別な状態にある人たちが食事療法や健康の保持・回復などに利用する食品につく。

消費者庁

↑特定保健用食品マーク

「脂肪を消費しやすくする」「おなかの調子を整える」など、健康の維持増進に役立つことが科学的根拠に基づいて認められた食品につく。

消費者庁

↑条件付き特定保健用食品マーク

有効性の科学的な根拠が必ずしも確立されていないものの、一定の有効性が確認されている食品につく。

消費者庁

HACCPマーク

食品の製造や加工の段階で起こりうる危険を防止するために、重点的に管理するポイントを決めて監視し、不良製品が出荷されることを防ぐシステムをHACCPシステムといいます。HACCPマークは、このシステムでつくられた食品につけられます。

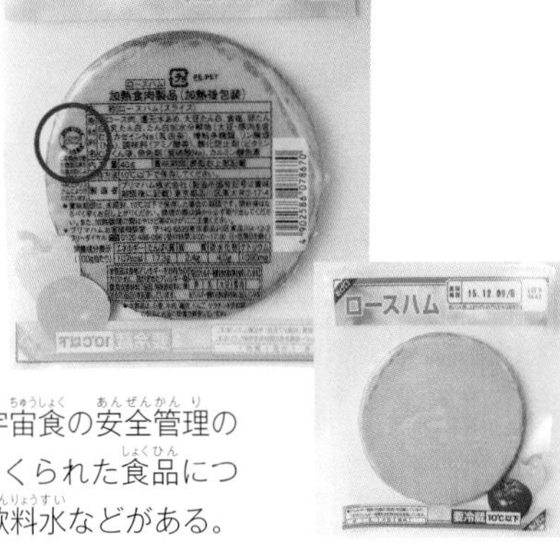

↑総合衛生管理(HACCP)厚生労働大臣承認マーク

もともとはNASA(アメリカ航空宇宙局)が宇宙食の安全管理のために開発した新しい食品衛生管理手法でつくられた食品につく。対象は乳・乳製品のほか、食肉製品や清涼飲料水などがある。

ハム・ソーセージ類公正取引協議会

↑対米・対EU輸出水産食品HACCP認定施設協議会のマーク

厚生労働省が、アメリカまたはEU(ヨーロッパ連合)のHACCP規則に沿っていることを確認した施設でつくられた水産食品につく。

対米・対EU輸出水産食品HACCP認定施設協議会

公正マーク

買った人が不利益を受けることのない、正しい表示や包装のされた製品であることを、消費者庁や公正取引委員会が認定した商品につけられます。

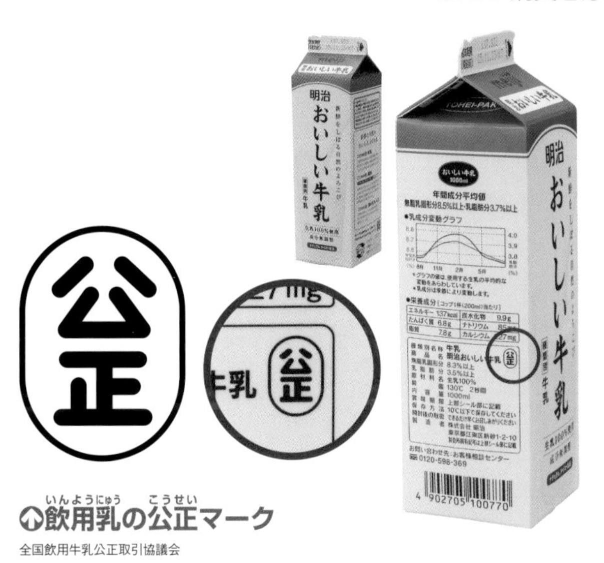

飲用乳の公正マーク
全国飲用牛乳公正取引協議会

ハム・ソーセージ類の公正マーク
ハム・ソーセージ類公正取引協議会

はちみつの公正マーク
一般社団法人全国はちみつ公正取引協議会

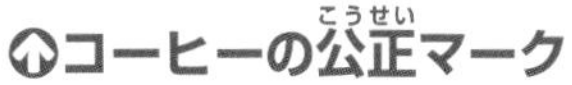

コーヒーの公正マーク
全日本コーヒー公正取引協議会

観光土産品の
公正認定証マーク
全国観光土産品公正取引協議会

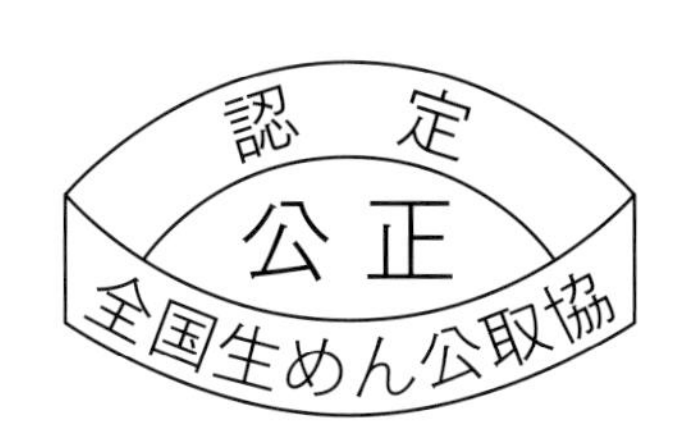

生めん類の
公正マーク
全国生めん類公正取引協議会

ローヤルゼリーの
公正マーク
一般社団法人全国ローヤルゼリー公正取引協議会

辛子めんたいこ
食品の公正マーク
全国辛子めんたいこ食品公正取引協議会

食品の団体が決めたマーク

食品には、農作物、食肉、加工品など、さまざまな種類があります。食品の種類によっては、生産者や企業が団体をつくっていることがあります。食品の生産のしかたなどについて、基準を満たしていることを、その食品の団体が認定した印としてつけられるマークがあります。

米の情報提供マーク

食味･銘柄･安全性などについて(一財)日本穀物検定協会により確認された情報が提供されている米であることを示す。

一般財団法人日本穀物検定協会

無洗米の認証マーク

全国無洗米協会の規格に合格した無洗米であることを示す。

特定非営利活動法人全国無洗米協会

Fマーク

日本精米工業会の品質規格を満たすとして認定された精米工場でつくられた精米であることを示す。　一般社団法人日本精米工業会

精米HACCPマーク

食品の安全確保の国際基準であるHACCP手法に基づき、精米工場で、精米の安全を確保し、品質管理などがされた精米につけられる。

一般社団法人日本精米工業会

全国餅工業協同組合表示マーク

国内産の水稲もち米*100%でつくられた商品につけられるマーク。

全国餅工業協同組合

＊水田で栽培されたもち米。

国産チキンマーク

国産チキンの安全・安心をシンボル化したマーク。太陽の中に日本列島をかたどったニワトリがいて、「国産チキン　あんしんも、おいしさも。」のキャッチフレーズがついている。

一般社団法人日本食鳥協会

企業の国内産チキンマーク

ケンタッキーフライドチキンのチキン商品に表示されている。

日本ＫＦＣホールディングス株式会社

Jビーフのマーク

Jビーフは国産牛肉の総称。Jビーフマークは国産牛肉のシンボルマーク。

公益財団法人日本食肉消費総合センター

日本産・原木乾しいたけのマーク

「日本産・原木乾しいたけをすすめる会」によって日本産の原木乾しいたけだけにつけられるマーク。

日本産・原木乾しいたけをすすめる会

全国推奨観光土産品マーク

全国推奨観光土産品審査会に合格し、優れたみやげ物として推奨された商品につけられるマーク。

全国観光土産品連盟

JPAマーク

ホットケーキミックス、天ぷら粉、から揚げ粉などの調整粉についている。日本プレミックス協会会員のマーク。

日本プレミックス協会

SQマーク

一般社団法人菓子・食品新素材技術センターの検査・審査に合格したおかし商品につけられるマーク。

一般社団法人菓子・食品新素材技術センター

ファイン株式会社

歯に信頼マーク

国際トゥースフレンドリー協会が指定する試験機関で行われる厳しい製品テストを通過した製品につけられているマーク。むし歯を気にせず安心して楽しめるおかしであることを示している。

日本トゥースフレンドリー協会

特定の食品のマーク

肉や魚などの動物性の食品を食べないベジタリアンや、宗教上の理由で、特定の食品を食べなければならない人に向けて、それを示す食品につけられるマークがあります。

野菜食を中心とするベジタリアンに向けた食品や食材メーカー、菜食メニューが提供されるレストランなどを示すマーク。左が日本語表記、右が英語表記のマーク。

日本ベジタリアン協会事務局

イスラム教徒が食べることのできる食材であることを示すハラール認証マーク。

日本アジアハラール協会

保存食品のマークや記号

食品の中には、フリーズドライや冷凍の技術によって、長期間保存できるものがあります。このような保存食品には、取りあつかいの注意に関する説明や、製造するときに基準を満たしていることなどを示すマークが使われています。また、かんづめには、賞味期限などを表す記号が使われています。

カップめんなどのマーク

カップめんやレトルト食品には、いろいろな注意を示すマークが使われています。

カップ焼きそばの側面のマーク。

カップめんなどのマーク。保存するときや調理するときの注意点が示されている。

一般社団法人日本即席食品工業協会

アレルギー特定原材料等が使われていないことを表すマーク。特定原材料7品目は緑色、特定原材料に準ずるもの20品目はオレンジ色で示されている。

冷凍食品のマーク

冷凍食品には、製造するときの衛生管理や品質の基準に合ったものであることを示すマークがついています。

↑冷凍食品認定証マーク

設備、衛生管理などの基準に適合した冷凍食品製造工場の製品。

一般社団法人日本冷凍食品協会

↑RMK認定マーク

「日本冷凍めん協会」が定めた品質基準と衛生管理の基準を満たしている認定工場で製造された冷凍めん。

日本冷凍めん協会

かんづめなどの記号

かんづめには、中身が何かを示す品名、中身の形や大きさ、おいしく食べられる時期を示す賞味期限（品質保持期限）、製造された工場が記号で表示されていることがあります。また、かん入りの飲料の底に、賞味期限と製造された工場が、記号で表示されています。

多くの種類があるかんづめ。

かんづめの記号

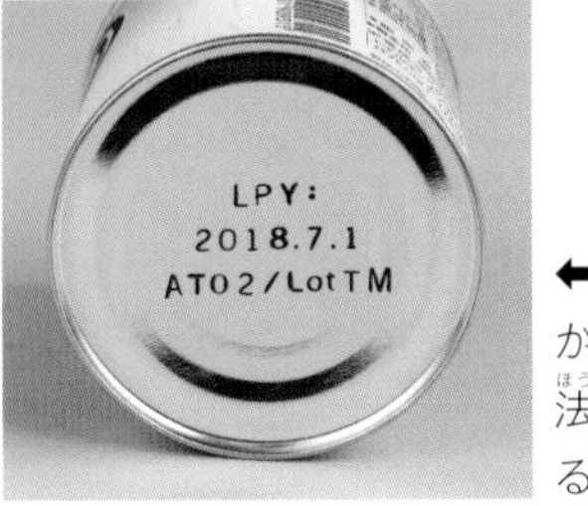

←かんづめの記号の例。上から、原料の種類と調理方法、賞味期限が書かれている。

原料の種類の記号の例

記号	原料
DG	ドミグラスソース
DM	ミートソース
BC	アサリ
MP	サンマ
BF	牛肉
AP	アスパラガス
PR	グリーンピース
CR	サクランボ
MO	ミカン

＊品名記号は、別に表示があれば、かんの底に印字されていないことがある。

かんジュースの記号

製造所固有記号

食の安全を守るため、食品表示基準に基づいて、食品の製品をつくった工場（製造所）がどこかをわかるようにした記号がつけられています。製造所固有記号といって、数字、アルファベット、ひらがな、かたかなの組み合わせで表すことと決められています。

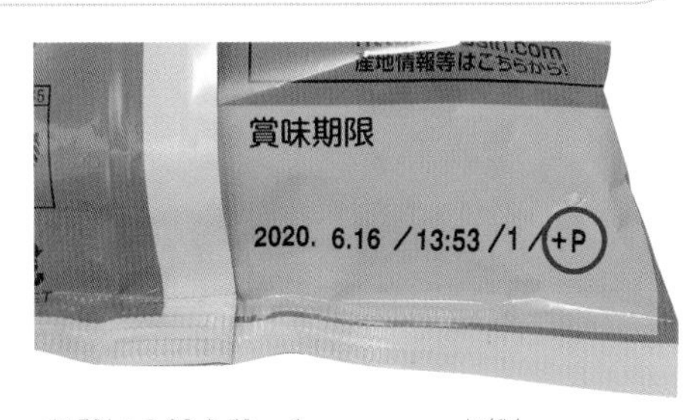

製造所固有記号が書かれている食品。

食への取り組みについてのマーク

できるだけ地元の素材を使う地産地消や、食を通じた健康づくりを教育に生かす食育のように、食の安全・安心を守るための取り組みが各地で行われています。多くの人に関心を持ってもらうように、親しみやすいマークがつくられています。

地産地消のマーク

できるだけ、地元の食材を使った料理を食べるようにすることが、地域の産業への関心を深めるとともに、環境によいくらしにもつながります。このような取り組みを、地産地消といいます。

愛知県

⬆地産地消を呼びかけるポスターに、マークが使われている。

富山県

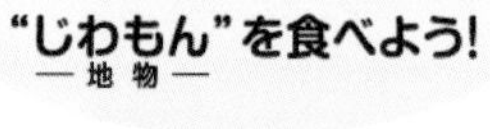

石川県

三重県

大阪府

岐阜県

広島市

鹿児島県

地産地消を宣伝するステッカー。

食と健康のマーク

企業や大学などで行われている食への取り組みを認定するマークや、広く知らせるためのマークが使われています。

EHIME University
SHOKU-IKU

愛媛大学食育実践プログラム

⬆愛媛大学の食育活動および資格取得などで用いられるマーク。

東京都中央区

⬆毎日350g以上の野菜を食べることを目標にして、生活習慣病を予防する運動のマーク。

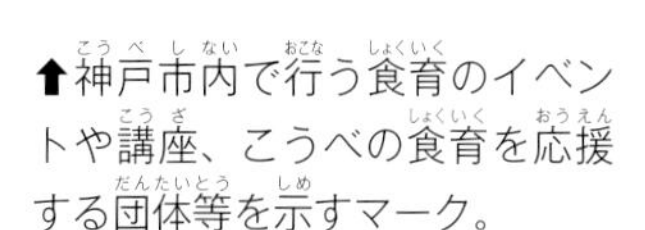

神戸市

⬆神戸市内で行う食育のイベントや講座、こうべの食育を応援する団体等を示すマーク。

食の健康協力店

ひょうご“食の健康”運動

兵庫県

⬆兵庫県の「ひょうご“食の健康”運動」に賛同し、取り組みを行う店舗を示すマーク。

群馬県

⬅群馬県が認定した、従業員や県民に対する食育推進活動に積極的に取り組んでいる企業がつけられるマーク。

➡福島県の食育運動のマーク。さまざまな経験を通じて、食に関する知識と、望ましい食を選ぶ力を身につけ、健全な食生活を送れる人を育てる。

福島県

国連WFPレッドカップキャンペーンマーク

世界には、食料が不足している地域があります。商品の売り上げの一部を、発展途上国の子どもたちのための学校給食に寄付する国際協力の仕組みがあります。レッドカップキャンペーンマークは、これらの商品につけられます。

➡レッドカップキャンペーンマークがついている商品。

地域特産品認証マーク（Eマーク）

食べ物は、私たちが健康にくらすために、とても大切であり、食品の安全や安心についての関心が高まっています。地域特産品認証マークは、地方自治体が認定した地域の原材料を生かした特産品につけられるマークです。このマークがついている食品は、品質に優れ、信頼できるという目安になります。

東京都

富山県

衣類などのマークや記号

衣類やタオル、ふとんなど、直接体にふれるものは、素材やつくり方がしっかりしていて安心でき、安全性の高いものであることが望まれます。JIS（日本産業規格）や、業界の団体では、一定の基準を設け、その基準に達している製品について、マークをつけることを認めています。また、消費者が取りあつかうときに目安になるマークもあります。

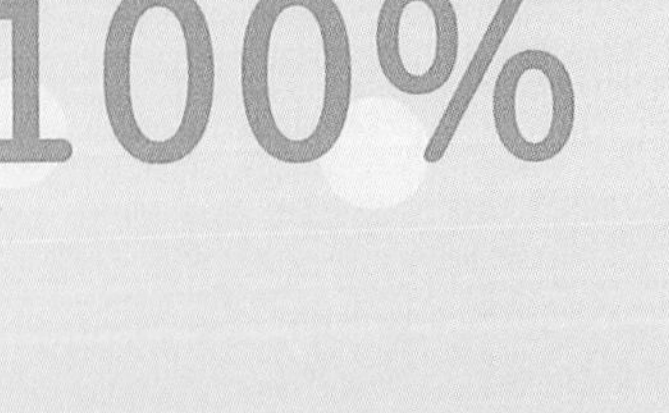

綿 100%
OEKO-TEX®
CONFIDENCE IN TEXTILES
STANDARD 100
N-KEN 04001 Nissenken
有害物質検査済
www.oeko-tex.com/standard100
有害物質に関する国際安全性規格エコテックス・スタンダード１００のうち、乳幼児が製品を口に含むことを前提とした最も厳しい基準である「クラスＩ」の認証を取得した製品です。

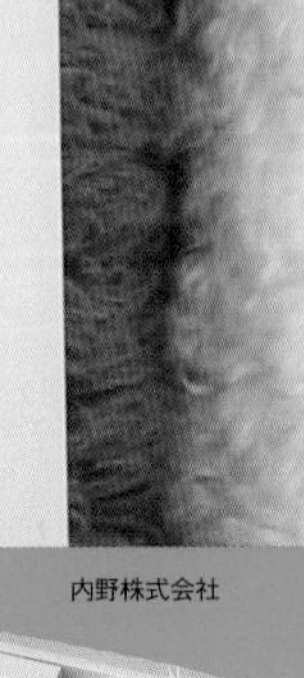

内野株式会社

衣類の品質を表すマーク

タオルについているエコテックスラベル。素材が安全なものであることを保証する。

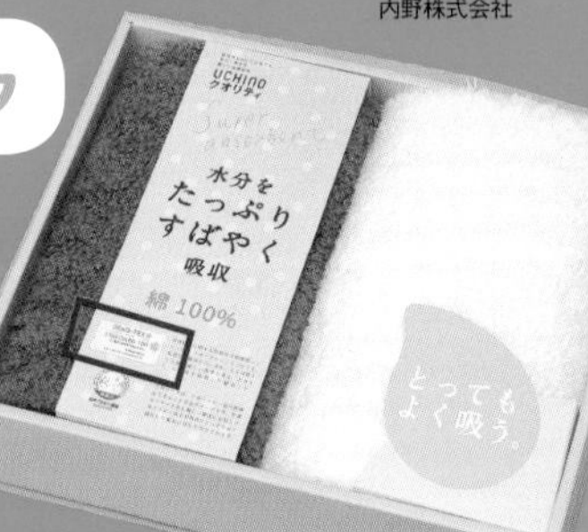

衣類の素材のマーク

衣類のラベルについているウールマーク。素材が確かなものであることを証明する。

洗濯時の注意のマーク

衣類についているマーク。洗濯をしたり、アイロンをかけたりするときに、適切な方法やしてはいけない方法がマークで表示されている。

40

・濃色の物は、染料の性質上、汗や雨などで湿った状態、または摩擦によって他のものに色移りすることがありますのでご注意して下さい。

衣類の素材を表すマーク

衣類には、どんな素材でつくられているかを示す品質表示がついています。衣類の素材を知ることで、あつかい方や洗濯のしかたを正しく判断することができます。また、良質の素材を使っていることも証明しています。

ウール

ウールマーク
新毛を100％使用し、品質基準を満たした製品。

ウールマークブレンド
新毛を50～99.9％使用し、品質基準を満たした製品。

ウールブレンド
新毛を30～49.9％使用し、品質基準を満たした製品。

コットン

JAPAN COTTON
Pure Cotton

ジャパン・コットン・マーク
ピュア・コットン・マーク。日本製綿素材を使用した綿100％の製品。 日本紡績協会

ジャパン・コットン・マーク
コットン・ブレンド・マーク。日本製綿素材を使用した綿50％以上の製品。 日本紡績協会

COTTON USAマーク
アメリカ綿を51％以上ふくむ品質優秀な綿製品。 国際綿花評議会

シルク

純国産絹マーク
国産のまゆ・生糸だけを使って、国内で製造された純国産の絹製品。
一般財団法人大日本蚕糸会

麻

麻マーク
亜麻、苧麻を使用した製品の品質を保証する。
日本麻紡績協会

革

JAPAN LEATHER

ジャパンレザー プライドロゴマーク
日本の天然皮革であることを表示。
一般社団法人日本タンナーズ協会

衣類の品質を表すマーク

布やぬい糸などの素材、縫製、抗菌・抗カビなどの加工方法や素材の安全性について、業界の団体が品質の基準を設け、その基準を達成していると認められた製品にマークがつけられていることがあります。衣類を選ぶときは、このマークを参考にするとよいでしょう。

SEKマーク

抗菌防臭、制菌加工などの効果、安全性、洗濯耐久性等の基準に適合したせんい製品につけられる。

一般社団法人繊維評価技術協議会

SEK
抗菌防臭加工
繊維上の細菌の増殖を抑制し防臭効果を示します
認証番号 06N97
一般社団法人繊維評価技術協議会
剤名：有機系（第四アンモニウム塩）
グンゼ株式会社

SEKマーク（抗菌防臭加工）がついているはだ着。包装紙についているので、選ぶときの目印になる。

抗菌防臭加工

抗菌防臭加工。せんい上の細菌が増えるのをおさえ、防臭効果を示す。

制菌加工

制菌加工（一般用途）。せんい上の細菌が増えるのをおさえる。

制菌加工

制菌加工（特定用途）。せんい上の細菌が増えるのをおさえる。病院などで使われる製品。

光触媒抗菌加工

光触媒抗菌加工。光触媒効果により、せんい上の細菌が増えるのをおさえる。

抗かび加工

抗かび加工。せんい上の特定のかびの発育をおさえる。

抗ウイルス加工

抗ウイルス加工。せんい上の特定のウイルスの数を減少させる。

消臭加工

国内・海外向け製品につけられるマーク。

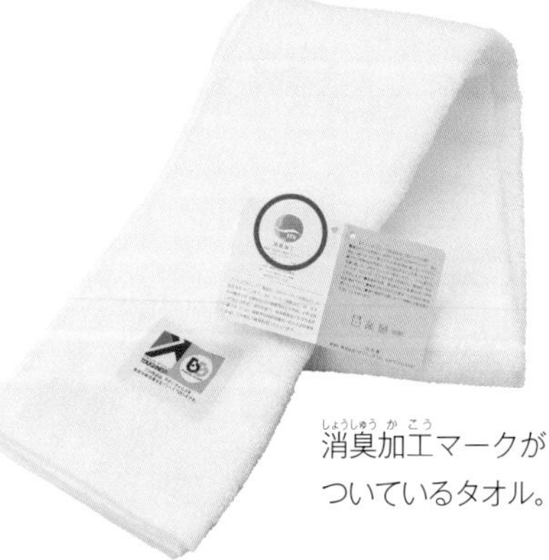

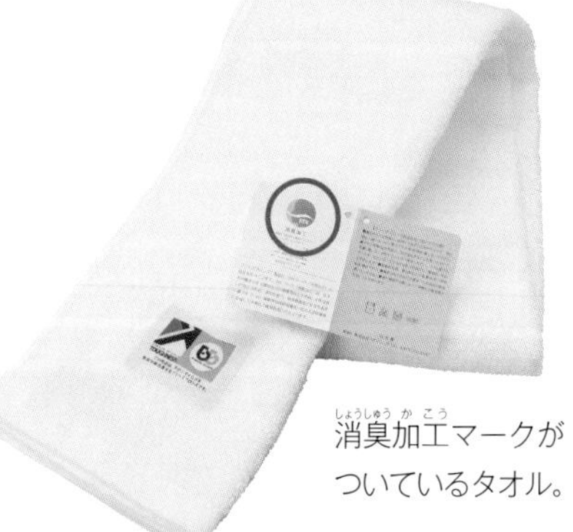

消臭加工マークがついているタオル。

消臭加工

国内向け製品につけられるマーク。

消臭加工マーク

協議会の基準に合格した消臭加工の効果、安全性、洗濯耐久性などを持つ製品。

一般社団法人繊維評価技術協議会

一般財団法人ニッセンケン品質評価センター

エコテックス® ラベル

350をこえる、体に有害な可能性がある物質を厳しく試験した、世界トップレベルの安全なせんい製品のしるし。

エコテックスラベルがついているタオル。

西川株式会社

エコテックスラベルの基準に達している羽毛。

河田フェザー株式会社

JIS適合表示票

7種のぬい糸について設定されており、その製品がJIS(日本工業規格)に合っていることを証明するもの。

日本縫糸工業協会

SIFマーク

（一財）日本繊維製品品質技術センター認定の信頼できる工場の製品。

一般財団法人日本繊維製品品質技術センター

標準型学生服認証マーク

学生服の標準認証を受けた製品。

日本被服工業組合連合会

GOTS認証マーク

有機農法で栽培された原料せんいから、環境と働く人にやさしい製法でつくられたと認証を受けたせんい製品につく。

オーガニックテキスタイル世界基準

ニューゴールドラベル。
300dp以上。

ゴールドラベル

羽毛のふくらみ具合(dp=ダウンパワー)のレベルごとに、組合の基準に合格した羽毛ふとんにつけられるマーク。

日本羽毛製品協同組合

プレミアムゴールドラベル。
440dp以上。

ロイヤルゴールドラベル。
400dp以上。

エクセルゴールドラベル。
350dp以上。

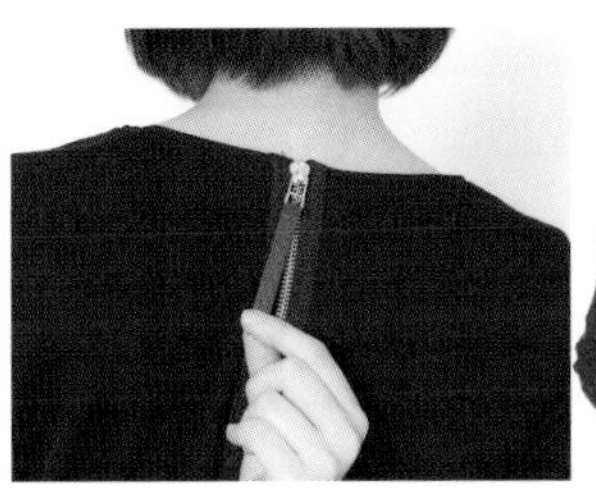

ファスナーの持つ部分が大きい洋服。

止めやすいボタン。

リボンで大きさやシルエットの調整ができるスカート。

Uマーク

男性、女性、若者、高齢者、障害のある人など、だれもが安心して暮らせる社会をめざすユニバーサルファッション協会が定める基準を満たした製品につけられるマーク。

特定非営利活動法人ユニバーサルファッション協会

全国マスク工業会・会員マーク

工業会の基準に合う、消費者が安心して使えるマスクにつく。

一般社団法人日本衛生材料工業連合会

GF(グッドふとん)マーク

ふとん類のJBA品質表示規定に準じ、明確に品質表示を満たしたふとんにつけられるマーク。

JBA:一般社団法人日本寝具寝装品協会

防ダニ加工マーク

ダニを防ぐ加工の品質基準を満たしたカーペットやふとんにつけられるマーク。

インテリアファブリックス性能評価協議会

遠赤外線協会の認定マーク

体温で温められたせんいから出る遠赤外線により保温性が高まったと認められた製品につく。

非営利・一般社団法人遠赤外線協会

衣類の取りあつかい方のマーク

衣類を洗濯するときやアイロンをかけるときは、素材や縫製のしかたに合った取りあつかいをしなければなりません。そのため、どんなあつかいをしたらよいか、またはしてはいけないかをマークで表示してあります。日本では、独自の洗濯習慣に合ったマークがJIS（日本産業規格）で定められ、長く使われてきました。しかし、国際的な規格に統一する流れがあり、ISO（国際標準化機構）のマークにならった新しいJISが決められました。2016年12月から新しいマークに切りかえられました。

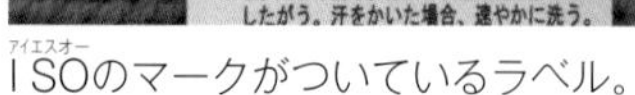

ISOのマークがついているラベル。

以前の洗濯表示マークがついているラベル。

新しい洗濯表示マーク	洗い方	以前の洗濯表示マーク
95	通常の洗濯機で洗える。水の温度は95℃以下。	
	液温は、95℃を限度とし、洗濯ができる。	95
70	通常の洗濯機で洗える。水の温度は70℃以下。	
60	通常の洗濯機で洗える。水の温度は60℃以下。	
60	通常の洗濯機で洗える。水の温度は60℃以下。弱い操作をする。	60
50	通常の洗濯機で洗える。水の温度は50℃以下。	
50	通常の洗濯機で洗える。水の温度は50℃以下。弱い操作をする。	
40	通常の洗濯機で洗える。水の温度は40℃以下。	
40	通常の洗濯機で洗える。水の温度は40℃以下。弱い操作をする。	40
40	通常の洗濯機で洗える。水の温度は40℃以下。非常に弱い操作をする。	弱 40
30	通常の洗濯機で洗える。水の温度は30℃以下。	
30	通常の洗濯機で洗える。水の温度は30℃以下。弱い操作をする。	
30	通常の洗濯機で洗える。水の温度は30℃以下。非常に弱い操作をする。	弱 30
	手洗いできる。水の温度は40℃以下。（今までの表示では30℃以下）	手洗イ 30
	家庭での洗濯処理はできない。	

ISOとJISって何？

ISOは、国際標準化機構といって、工業製品や農産物について規格を定めている国際組織、およびその規格です。一方、JISは、工業製品やサービスについて日本で定められている規格です。ともに、マークも規格が定められているものがあります。ISOとJISの間で、ちがうマークもありますが、現在は国際整合化といって統一する流れにあります。

International Organization for Standardization

↑ISOマーク

↑JISマーク

漂白について

新しい洗濯表示マーク	漂白について	以前の洗濯表示マーク
	塩素系および酸素系漂白剤による漂白処理ができる。	
	塩素系漂白剤による漂白処理ができる。	エンソ サラシ
	塩素系漂白剤による漂白処理はできない。	エンソ サラシ
	酸素系漂白剤による漂白処理ができるが、塩素系漂白剤による漂白処理はできない。	
	漂白処理はできない。	

アイロンのかけ方

新しい洗濯表示マーク	アイロンのかけ方	以前の洗濯表示マーク
	アイロン処理できる。最高温度200℃（今までの表示では180～210℃）	高
	アイロン処理できる。最高温度150℃（今までの表示では140～160℃）	中
	アイロン処理できる。最高温度110℃（今までの表示では80～120℃）	低
	アイロン処理はできない。	

タンブル乾燥

新しい洗濯表示マーク	タンブル乾燥	以前の洗濯表示マーク
	普通の温度設定でタンブル乾燥＊ができる。	
	低い温度設定でタンブル乾燥ができる。	
	タンブル乾燥ができない。	

＊衣類を、熱とともに回転させながら乾燥させる方法。

業者の洗濯

新しい洗濯表示マーク	業者の洗濯	以前の洗濯表示マーク
P	通常の処理でドライクリーニング（パークロロエチレン＊1）ができる。	ドライ
P	弱い処理でドライクリーニング（パークロロエチレン）ができる。	
F	通常の処理でドライクリーニング（石油系溶剤＊2）ができる。	ドライ セキユ系
F	弱い処理でドライクリーニング（石油系溶剤）ができる。	
	ドライクリーニングができない。	ドライ
W	普通の操作により、業者によるウェットクリーニングができる。	
W	弱い操作により、業者によるウェットクリーニングができる。	
W	非常に弱い操作により、業者によるウェットクリーニングができる。	
W	業者によるウェットクリーニングはできない。	

＊1、＊2ともに、ドライクリーニングのときに使う溶剤。

自然乾燥

新しい洗濯表示マーク	自然乾燥	以前の洗濯表示マーク
	つり干しがよい。	
	ぬれつり干しがよい。	
	平干しがよい。	平
	日かげでのつり干しがよい。	
	日かげでのぬれつり干しがよい。	
	日かげでの平干しがよい。	平

洗濯用洗剤の表示とマーク

洗濯用洗剤の入れ物には、その洗剤を使うのに適した衣類が書かれています。また、洗えない衣類についての表示が、マークで示されています。

①右の取扱い表示のある衣料品には使わない。

および「中性洗剤使用」があるもの

②この商品は蛍光剤配合。淡色の綿・麻衣料は白っぽくなることがあるので、蛍光剤無配合の洗剤をお使いください。
③溶け残り、蛍光剤のムラづき等を防ぐため、洗剤を衣料に直接ふりかけたり、一ケ所にかたよらないように入れる。
④色落ちが心配な衣料は、濃いめの洗剤液を目立たない部分につけて

洗濯用洗剤の表示。

家庭用品のマークや記号

家庭では、さまざまな器具や道具を使っています。それらには、操作方法を示すマークや、品質を保証するマーク、安全のためのマークなどがつけられています。マークのおかげで、正しい情報を得て、器具や道具を安全に使うことができます。

AV機器のマーク

テレビなどのAV機器の操作は、リモコンですることが多い。ほかのAV機器と共通するマークが使われ、色分けで操作がわかりやすい。

家庭用品の品質のマーク

身の回りのさまざまな製品には、品質が高いことを示すマークがつけられている。写真は、耐熱ガラス製品についている認証マーク。

おもちゃなどのマーク

小さい子どもが使うおもちゃには、安全性の基準に合格した製品であることを示すマークがついている。下の写真はSTマーク。

ちよがみ

玩具安全基準合格
4901771029749
ST
13
(一社)日本玩具協会
東京都墨田区東駒形4-22-4
対象年齢 3才以上
【材質】本体:紙
【内容】ちよがみ:2柄×15枚
計30枚

家庭用品の操作方法などのマーク

家で使う電気製品などには、操作のためのスイッチやボタンがついています。操作が複雑な製品でも、スイッチやボタンに操作を示すマークがついていれば、どんな操作をすればよいかがわかりやすくなります。

扇風機のマーク

本体とリモコンの両方で操作ができます。どちらにも、風の強さや首ふり、タイマー予約などの操作がわかるマークがついています。

リモコンのマーク

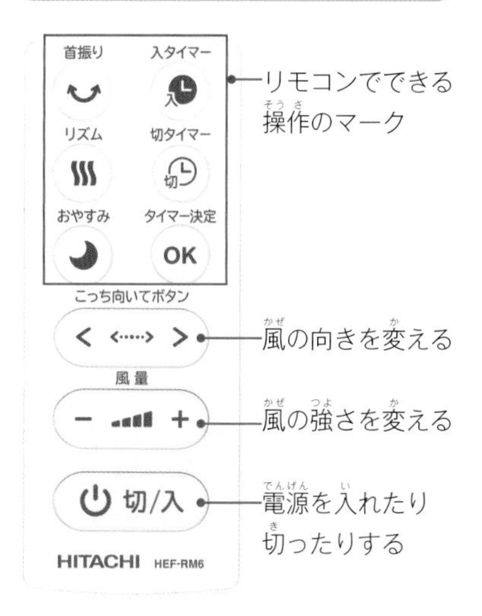

日立グローバルライフソリューションズ株式会社

本体のマーク

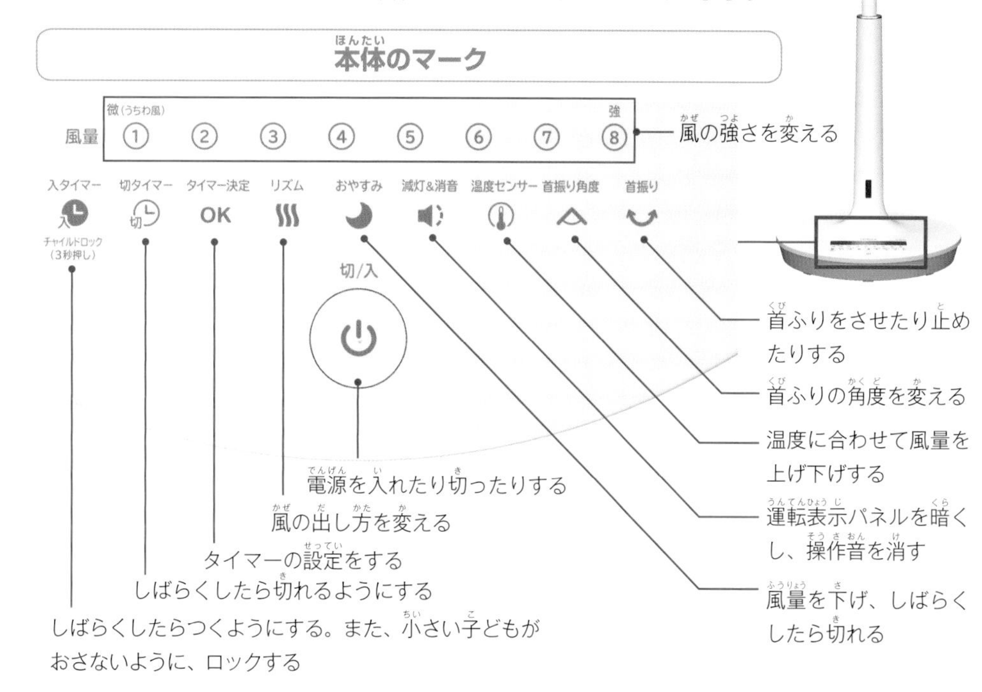

ロボットそうじ機のマーク

部屋を自動的にそうじしてくれるロボットです。操作盤についているマークで運転の状況を示します。

ベルトにごみがつまった可能性があることを示す。

バッテリーの残量を示す。

つまりや吸引力低下を示す。

運転を始めたり止めたりする。

そうじが終わったことや充電が必要なことを示す。

無線通信に接続していることを示す。

ブラシバーにごみがからまったことを示す。

真上から見たところ。

ダイソン

空気清浄機のマーク

空気をきれいにするとともに、湿度の調整もできます。運転の種類を選んだり、タイマー予約をしたりするボタンにマークがついています。

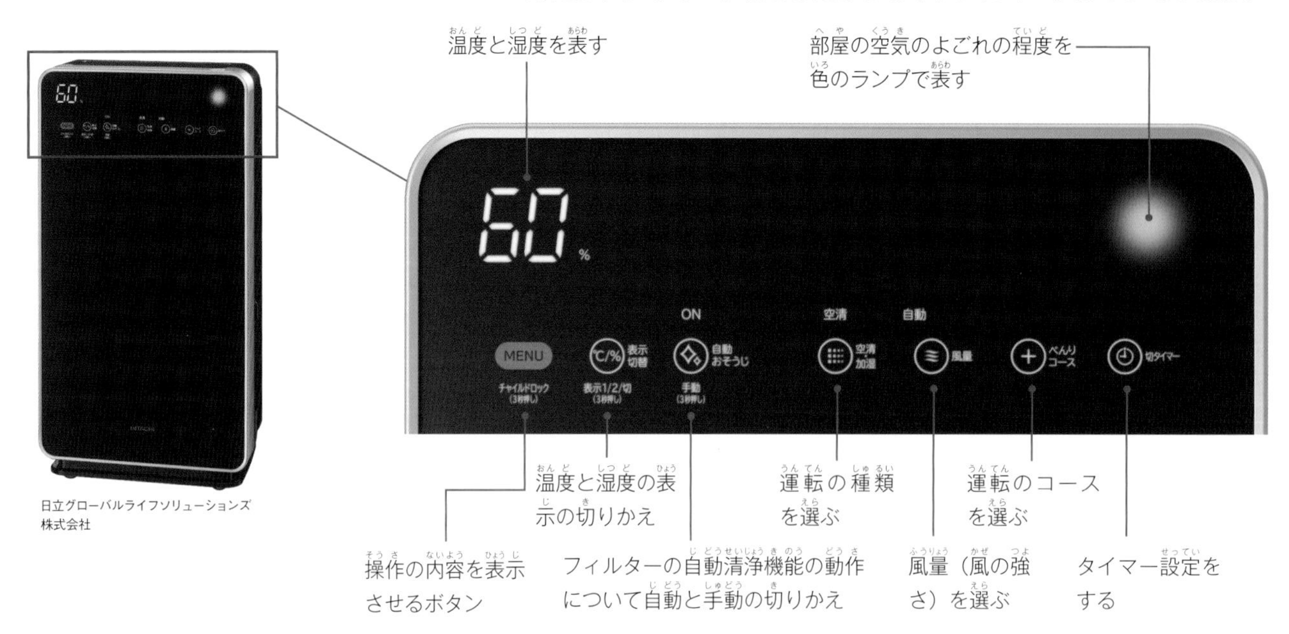

日立グローバルライフソリューションズ株式会社

石油ファンヒーターのマーク

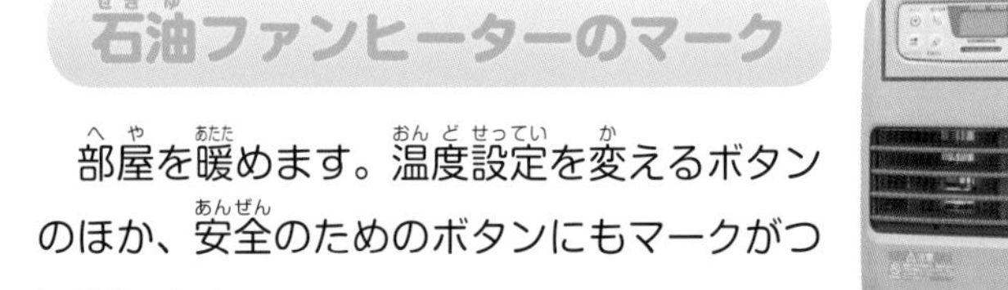

部屋を暖めます。温度設定を変えるボタンのほか、安全のためのボタンにもマークがついています。

株式会社コロナ

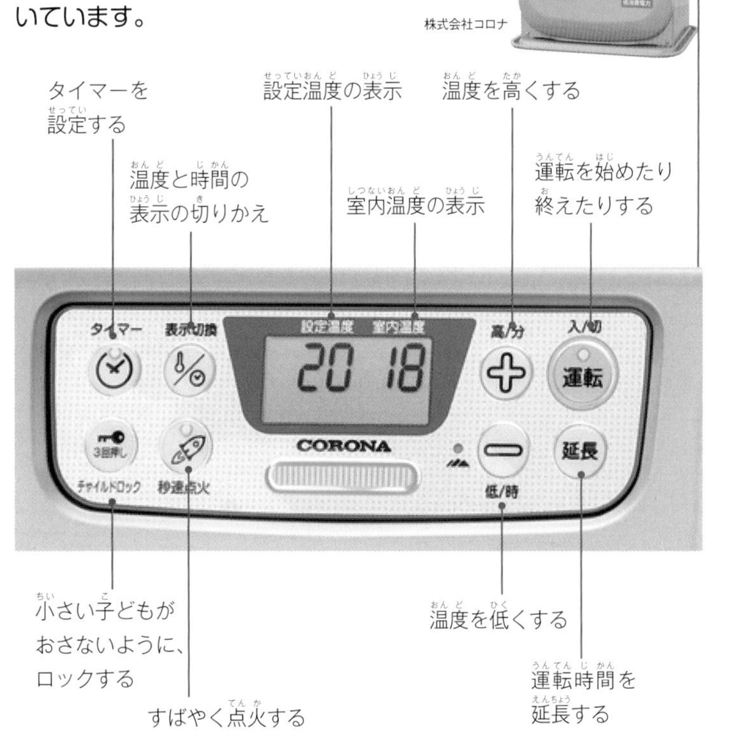

ガスこんろのマーク

調理をするためのガスこんろにも、火力の調節や調理内容を操作するためのマークがあります。

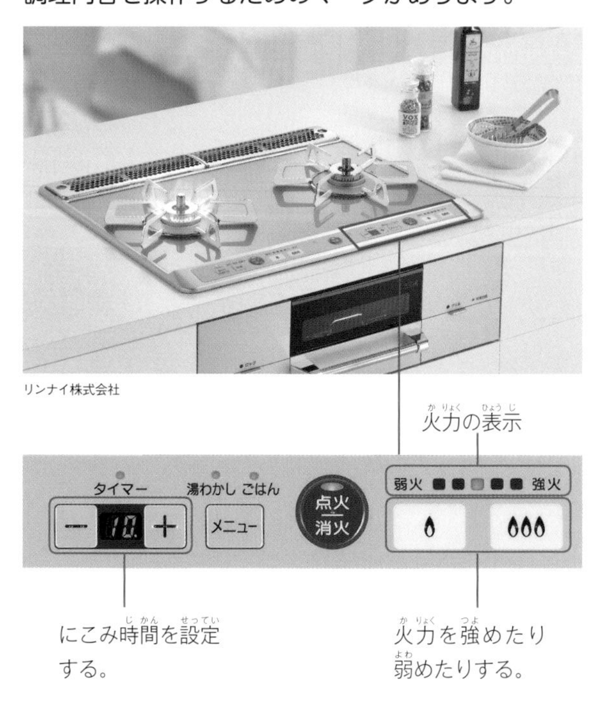

リンナイ株式会社

ランプの記号

照明器具に使われるランプには、蛍光灯やLED電球があります。形、大きさ、色などが、記号で書かれています。

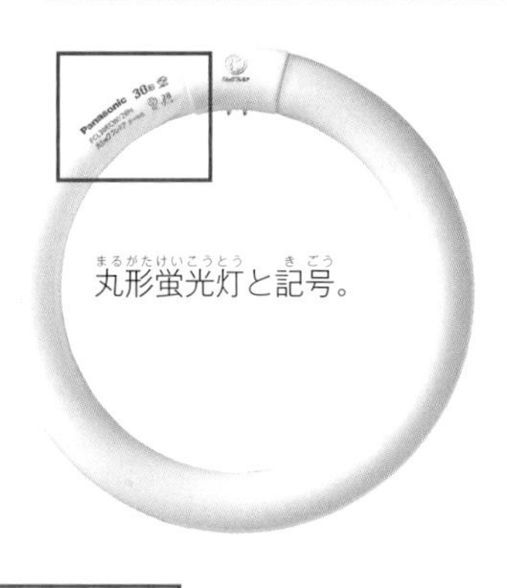
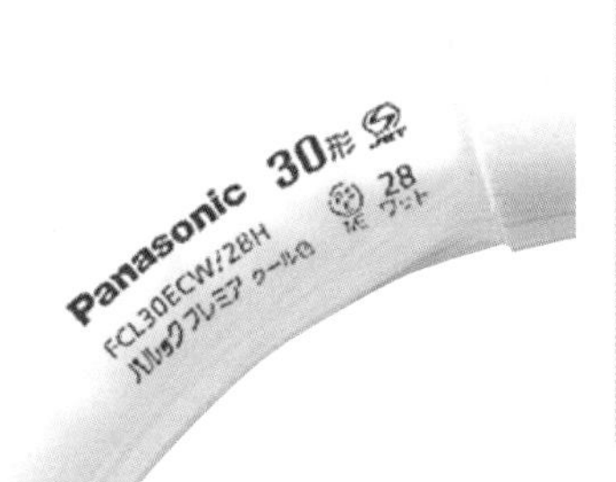

丸形蛍光灯と記号。

LED電球と記号。

直管蛍光灯と記号。

蛍光灯の形状の主な記号

形状	記号
直管(まっすぐ)	FL、FLR
丸形	FCL
2本管形	FPL、FPR
4本管形	FDL

蛍光灯の表示の意味

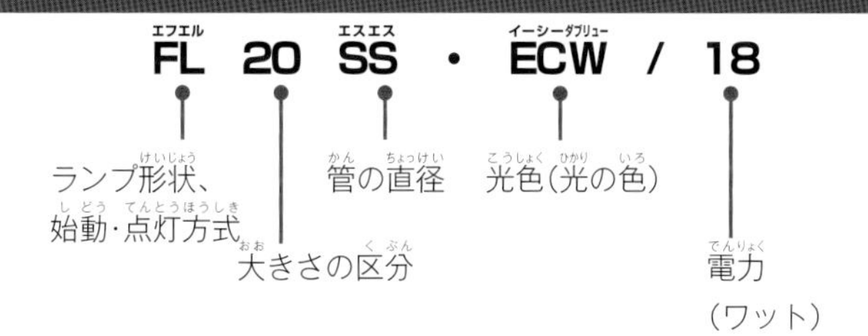

LED電球の表示の意味

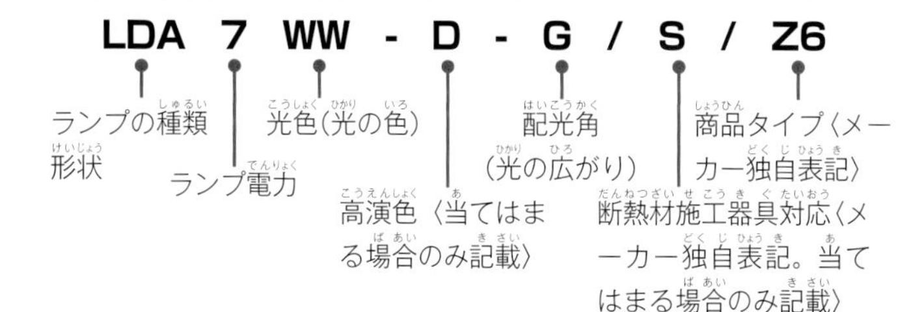

電池の記号

電池には、使い切りの一次電池と、充電して何度も使える二次電池があります。また、使い道によって、いろいろな種類があります。電池には、種類を示す記号がつけられています。

種類		記号
一次電池	アルカリ乾電池	LR
	マンガン乾電池	R
	リチウム電池	CR、FR
二次電池	ニッケルカドミウム電池	KR、KF、KB
	ニッケル水素電池	HR、HF、HB
	リチウムイオン電池	Li-on

アルカリ乾電池

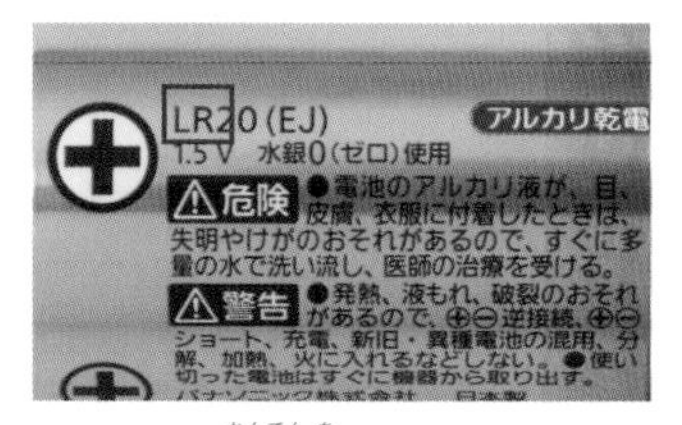

アルカリ乾電池であることを示す記号。

マンガン角形乾電池

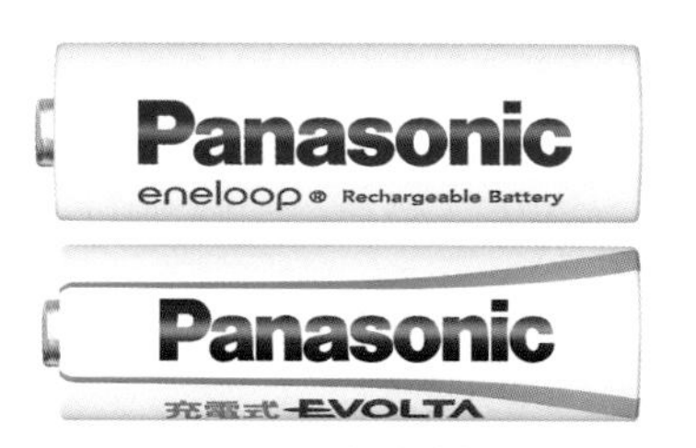

ニッケル水素電池

パナソニック株式会社

AV機器などについているマーク

テレビやブルーレイプレイヤーなどの映像機器と、ミニコンポやデジタルオーディオプレーヤーなどの音響機器をまとめてAV機器といいます。現在のAV機器は、リモコンで操作することが多くなっています。リモコンは、使いやすさと小型化のために、操作内容を表すマークがついています。

リモコンのマーク

AV機器のリモコンでは、録画や記録メディアの再生などの操作ができます。また、ブルーレイのリモコンでは、本体プレイヤーを接続しているテレビの操作もできます。

プレイヤーの電源を入れたり切ったりする。

テレビのチャンネルを切りかえる。

テレビの音量を操作する。

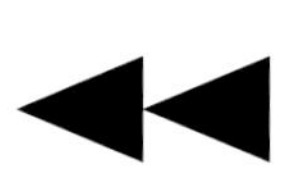

早もどしする。

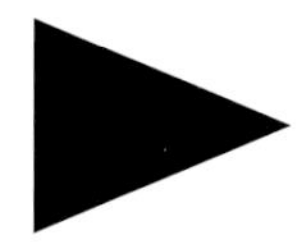

再生する。

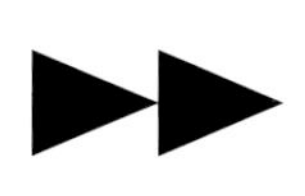

早送りする。

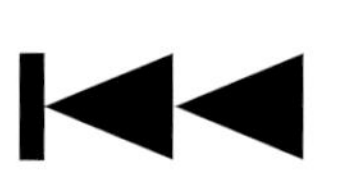

一定時間、早もどしする。

一時停止する。

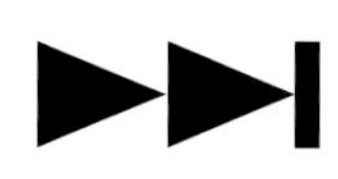

一定時間、早送りする。

停止する。

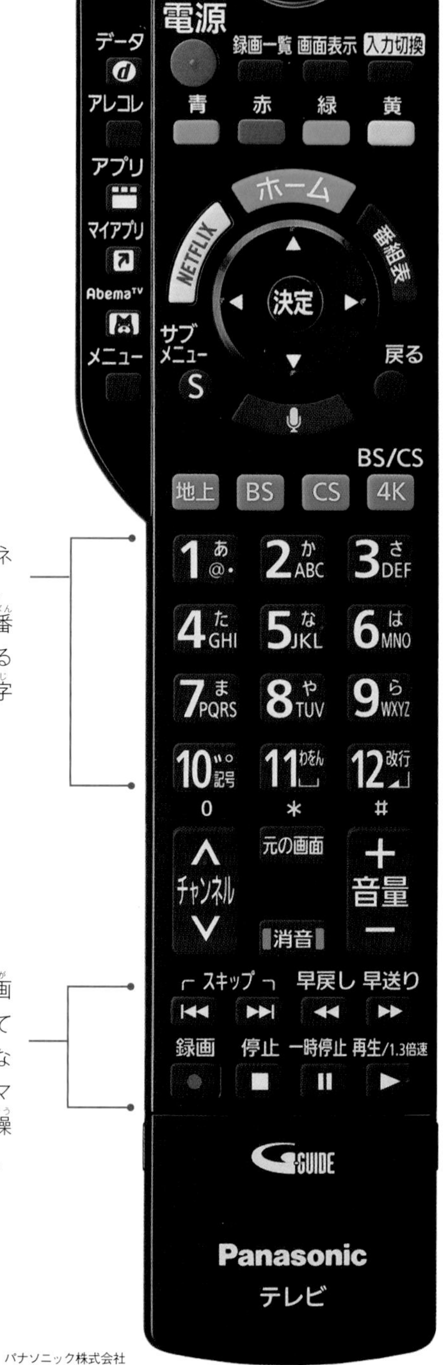

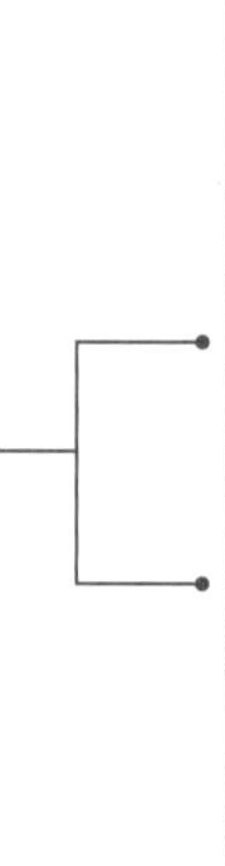

テレビのチャンネルを数字で選ぶ。また、録画した番組に名前をつける際に、文字や数字を入力する。

プレイヤーの録画予約や、記録している番組の編集などを行う。三角マークの向きで、操作の方向を示す。

パナソニック株式会社

デジタルミュージックプレーヤーのマーク

デジタル音楽ファイルの再生ができ、持ち運ぶことができます。液晶画面の下にあるボタンで選択して操作します。

ソニー

タブレット型コンピュータのマーク

持ち運びできる大きさのコンピュータです。画面に現れるアイコンをおして操作します。

Apple Japan, Inc.

①ビデオ通話サービスを利用する。
②カレンダーが表示される。
③アラームやストップウォッチなどの時計の機能を利用する。
④照明をつけたり、空調を調節したりする。
⑤写真を見たり、編集したりする。
⑥カメラの機能を利用する。
⑦日常生活でやるべきことやスケジュールを管理する。
⑧思いついたことを書きとめるなどメモの機能を利用する。
⑨メモの代わりに声などを録音する。
⑩名前や電話番号などの連絡先を管理する。
⑪地図の機能を利用する。
⑫人や携帯端末などがどこにあるかを探す。
⑬アプリケーションのダウンロードサービスを利用する。
⑭電子書籍を購入して管理する。
⑮インターネット上の音楽を聞いたり、動画を見たりする。
⑯映画やテレビ番組などを見る。
⑰株の価格や変動を見る。
⑱ものの長さを測る。
⑲タブレットの設定を行う。
⑳メッセージのやりとりなどをする。
㉑インターネットを利用する。
㉒音楽を聞く。
㉓メールを作成して送る。
㉔書類や写真などを管理する。
㉕⑤に同じ
㉖⑦に同じ
㉗⑧に同じ

電子機器で使われている操作記号

プリンターやデジタルカメラ、ゲーム機など、家庭ではさまざまな電子機器が使われています。電子機器にはたくさんの機能があり、たいへん便利ですが、それだけ操作方法も複雑です。できるだけ操作をしやすくするために、いろいろなマークが使われています。

プリンターで使われる操作マーク

プリンターは、たんにプリントをするだけでなく、書類や画像のコピーをしたりスキャンをしたりできるものもあります。操作は、マークを使った操作ばんで行われます。

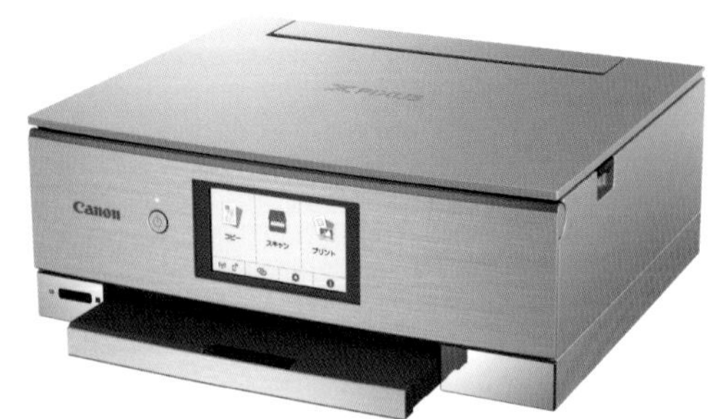

コピー機能のほか、スキャンなどもできる家庭用複合機。液晶パネルの操作ばんにタッチして操作する。

家庭用プリンターのマーク

キヤノンマーケティングジャパン株式会社

コピー

スキャン

プリント

ネットワーク

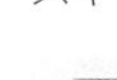

ワイヤレスコネクト

セットアップ

プリンターやコピー機のマークの例

プリンタ
JIS B 0139 012

コピー
JIS B 0139 010

表面原稿
JIS B 0139 026

裏面原稿
JIS B 0139 027

サイズ混載原稿
JIS B 0139 031

拡大
JIS B 0139 098

縮小
JIS B 0139 097

自動倍率選択
JIS B 0139 100

用紙
JIS B 0139 035

紙づまり
JIS B 0139 064

シート状用紙補給
JIS B 0139 078

ロール状用紙
JIS B 0139 036

ロール状用紙補給
JIS B 0139 080

液体現像剤
JIS B 0139 039

液体現像剤補給
JIS B 0139 079

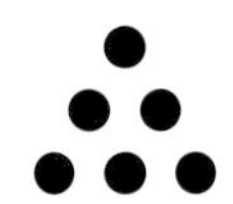

トナー
JIS B 0139 038

トナー補給
JIS B 0139 081

片面原稿
JIS B 0139 028

両面原稿
JIS B 0139 029

写真原稿
JIS B 0139 030

濃度
JIS B 0139 041

(濃度)うすく
JIS B 0139 042

(濃度)こく
JIS B 0139 043

自動濃度調整
JIS B 0139 044

デジタルカメラのマーク

多くの機能をマークで示すことによって、説明書を確認しなくても操作方法がわかるようになっています。

上から見たところ

撮影モードを選ぶダイヤルには、各モードをイメージできる絵をもとにしたマークがついている。

動きのあるものを撮影する。

人物を撮影する。　風景を撮影する。

明かりに合わせて撮影する

しぼり*や露出**を調整するボタンや、さまざまな設定をするためのボタン。

＊レンズから入る光の量を調節すること。
＊＊明るさを調節すること。

タッチパネル式の液晶モニター。撮影機能の設定状態を見たり、設定を変えたりするためのマークがついている。

撮影モードを示す。

記録の画質を示す。

被写体の明るさの測り方を示す。

マーク	名前と意味
	撮影記録モード 画像や音声などの記録に関するモードを示す。
	再生モード 記録された画像や音声などの再生に関するモードを示す。
	消去モード 記録された画像や音声などの消去に関するモードを示す。
	露出補正 撮影時の露出に関する補正を示す。
	一覧表示 記録された複数枚の画像を縮小して同一画面上に表示することを示す。
	ゾーンフォーカス１（遠距離） 撮影距離が遠距離であることを示す。
	ゾーンフォーカス２（中距離） 撮影距離が中距離であることを示す。

マーク	名前と意味
	ゾーンフォーカス３（近距離） 撮影距離が近距離であることを示す。
	ゾーンフォーカス４（至近距離） 撮影距離が至近距離であることを示す。
	クローズアップ／マクロ クローズアップ撮影またはマクロ撮影を示す。
	テレ（望遠） 撮影レンズが望遠であることを示す。
	ワイド（広角） 撮影レンズが広角であることを示す。
	フラッシュ／ストロボ関連 フラッシュやストロボの発光に関するモードを示す。
	フラッシュ／ストロボ 発光禁止 フラッシュまたはストロボの発光禁止を示す。

マーク	名前と意味
	赤目軽減／赤目補正 赤目軽減モードまたは赤目補正モードを示す。
	セルフタイマー セルフタイマー（何秒後かにシャッターがおされる）を示す。
	オープニング レンズカバーのようなカバーを開くことの表示。
	クロージング レンズカバーのようなカバーを閉じることの表示。
	バッテリーチェック／電池残量 電池の残りの量の表示。
	円筒形電池 でっぱりのある電池をセットする場所および方向を示す。
	円形薄型電池 ボタン型電池やコイン型電池などをセットする場所および方向を示す。

一般社団法人カメラ映像機器工業会

自動車についているマーク

　自動車の運転席には、運転のためのスイッチやボタン、それ以外の機器の操作をするためのスイッチやボタンなどがあります。それらの多くには、スムーズに操作できるよう、マークがつけられています。最近は、電気を利用する自動車も増え、電気系の操作に関するマークも使われています。

　自動車のマークは、ISO（国際標準化機構）で規格化されています。そのため、ちがうメーカーの自動車でも、スムーズに操作できます。

電気とガソリンの両方を利用するPHEV（プラグインハイブリッド）車。家庭の電気からも充電できる。車から家に電気をもどすこともできる。

運転席の前に、マークがついたボタンなどが、たくさん並んでいる。

車内で使う機器のマーク

　座席の調整や空調、オーディオなどの、車内設備の操作のしかたが、マークで見やすく表示されています。

スマートフォンと接続するためのデータ通信用のUSBポート。

オーディオ調節。

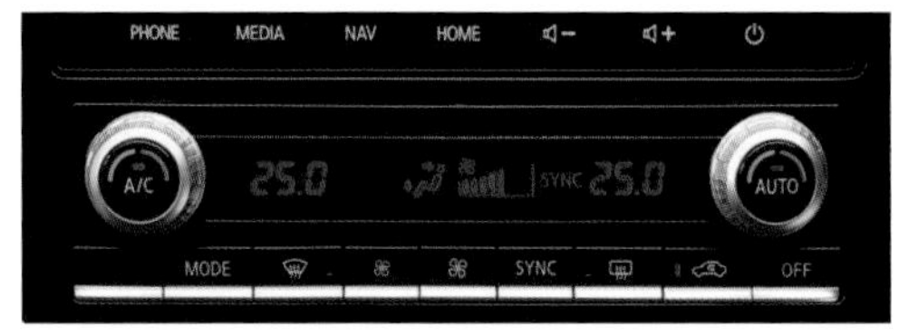

車内の空調を調節するボタン。

シートのリクライニング調整

シートの前後調整

パワーウィンド

リヤウィンドデミスタ及びリヤウィンドデフロスタ

パワードアロック

ルームランプ

空調用ファン

内気循環

上側及び下側の通風

室内暖房

空調

外気導入

運転のためのマーク

運転に関するマークには、操作をするためのもの、走行中の自動車の状態を知らせるもの、故障などの不具合を知らせるものなどがあります。

モーターやエアコンなどを省エネ運転にするマーク。

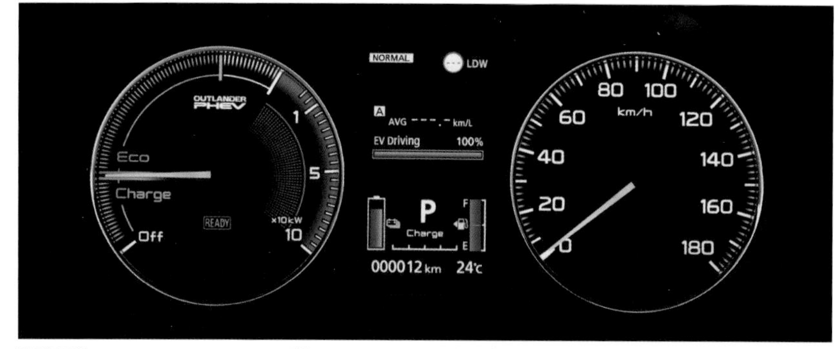

PHEV車のメーターパネル。左から、モーター出力のようす、充電量、ガソリンの量、速度を示す。車の異常を知らせる警告灯も、ここに表示される。

アッパービーム

ターンシグナル

ウィンドシールドワイパ

ロアービーム

ウィンドシールドワイパ及びウィンドシールドウォッシャ

ハザードウォーニング

フロントフードのロック解除

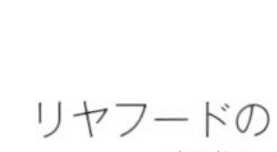

リヤフードのロック解除

ホーン

アウトサイドミラーの調整(横型)

シフトレバー。下のボタンのマークは、バッテリーに充電したり、バッテリーにたくわえられた電気を使ってモーターだけで走ることを示す。

駐車位置(自動変速機)

後退位置(自動変速機)

ニュートラル位置(自動変速機)

ドライブ位置(自動変速機)

警告灯のマーク

各装置の異常を知らせるマークです。

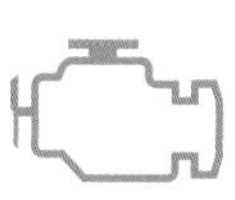

エンジン

燃料

エンジン冷却液の温度:低温

エンジン冷却液の温度:高温

半ドア

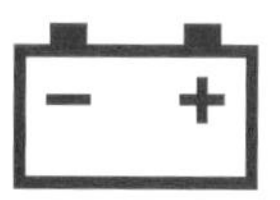

バッテリの充電状態

シートベルト

ブレーキの故障

エンジンオイル

エアバッグ

出力制限

写真:三菱自動車工業

品質や安全性を表すマーク

家庭用品は、さまざまな規格に合わせてつくられています。日本の製品の代表的な規格は、JIS（日本産業規格）ですが、そのほかにも、種類ごとに細かい規格が設けられています。それらの規格に適合している製品には、それを証明するマークがついています。製品の品質が高いことを示すマークです。

JISマーク

1949年に制定された法律に基づく国の産業規格の基準に適合していることを示すマーク。日用品をはじめ、多くの製品に表示されています。

鉱工業品のJISに適合していることを示す。

加工技術のJISに適合していることを示す。

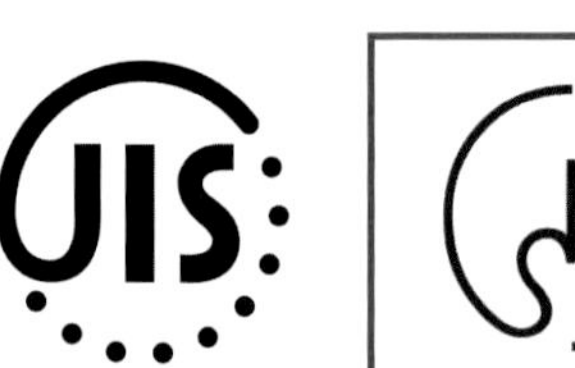

性能、安全度などの特定側面について定められたJISに適合していることを示す。

制定以来2004年に法律が変わるまで使用していた旧JISマーク。

JISマークがついているノート。

電気製品・通信機器のマーク

電気製品や通信機器についての基準や規格を満たしていることを示すマークがあります。

経済産業省

PSEマーク

電気用品による危険を防ぐため、国の定めた基準に適合した電気製品につくマーク。「特定電気用品」（左）はコンセントなど116品目。「特定電気用品以外の電気用品」（右）は、蛍光ランプなど341品目。

PSEマークがついている電球。

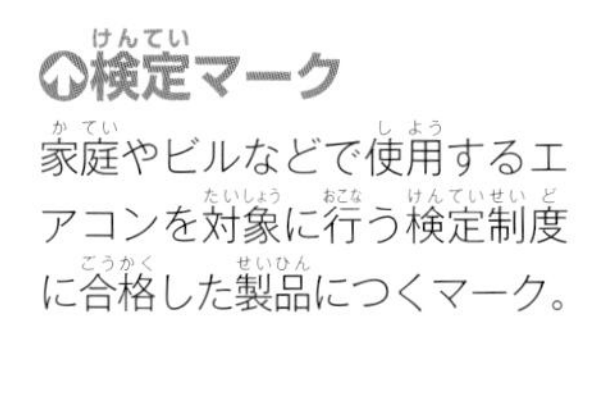

一般社団法人日本冷凍空調工業会

検定マーク

家庭やビルなどで使用するエアコンを対象に行う検定制度に合格した製品につくマーク。

一般財団法人電気安全環境研究所

一般財団法人日本品質保証機構

株式会社 UL Japan

テュフ ラインランド ジャパン株式会社

Sマーク

家電製品の安全性についての規格を満たす製品につけられている。その製品を認証した機関のロゴマークといっしょに表示される。

Sマークがついている電球。

情報通信アクセス協議会

アクセシビリティを考慮した商品

体の不自由な人や高齢者でも使いやすい通信機器であることを示すマーク。

VCCIマーク

電子・電気機器の妨害波に関する国際的な技術基準に適合していることを示す自主規制マーク。 一般財団法人VCCI協会

技適マーク

技術基準に適合した端末機器・無線機（無線LAN、携帯電話など）につけられるマーク。

総務省

Cマーク

一般電話機の通話品質を保証するマーク。

一般社団法人情報通信ネットワーク産業協会

FCCマーク

FCC（アメリカ連邦通信委員会）が認定した情報通信機器につくマーク。

米国連邦通信委員会

CEマーク

EU（ヨーロッパ連合）向けの電気機器、機械、玩具、医療用機器などにつくマーク。

欧州委員会

HAPIマーク

「信頼と安心」の証として家庭用の医療機器などにつけられるマーク。

一般社団法人日本ホームヘルス機器協会

ガス・石油・水道用品のマーク

ガスや石油を使う機器や、水道器具についての基準や規格を満たしていることを示すマークがあります。

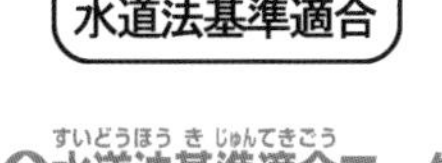

PSTGマーク

ガス用品について、国の定めた基準に適合した都市ガス製品につくマーク。「特定ガス用品」（左）はガスふろバーナーなど。「特定ガス用品以外のガス用品」（右）はガスこんろなど。

経済産業省

PSLPGマーク

液化石油ガス（LPガス）器具について、国の定めた基準に適合した製品につくマーク。「特定液化石油ガス器具等」（左）はガス栓など。「特定液化石油ガス器具等以外の特定液化石油ガス器具等」（右）はガス漏れ警報器など。

経済産業省

JIA認証マーク

（一財）日本ガス機器検査協会の検査に適合した、品質性能と安全性を認証されたガス機器につくマーク。

一般財団法人日本ガス機器検査協会

水道法基準適合マーク

基準に適合した、湯わかし器など、ガス機器の給水装置につくマーク。

一般財団法人日本ガス機器検査協会

液化石油ガス用ガス漏れ警報器検定合格マーク

液化石油ガス用ガス漏れ警報器につくマーク。

高圧ガス保安協会

石油燃焼機器の認証マーク

JIS（日本工業規格）に基づく検査基準で認証された石油ストーブや石油給湯器などにつくマーク。

一般財団法人日本燃焼機器検査協会

JWWA品質認証マーク

国が定める構造・材質など、7項目の性能基準に適合した家庭用の水道器具につくマーク。

公益社団法人日本水道協会 品質認証センター

家電製品の点検をうながすマーク

家庭で長年使っている家電製品を点検しよう、という啓発のためのマークがあります。製品の取り扱い説明などといっしょに表示されています。

一般財団法人家電製品協会

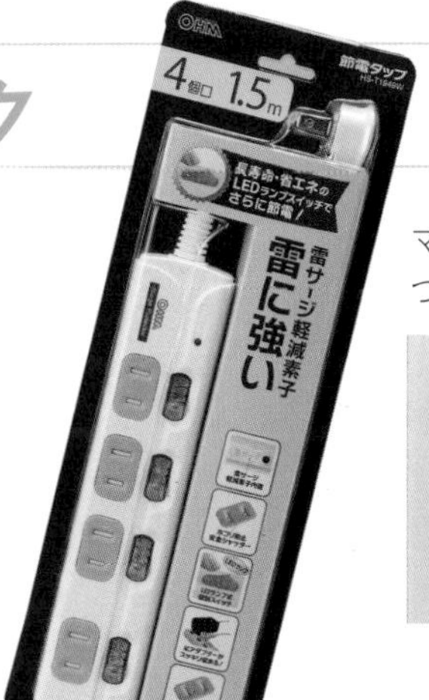

マークがついている製品。

裏面

日用品のマーク

身の回りでよく使う日用品の品質が基準や規格を満たしていることを示すマークがあります。

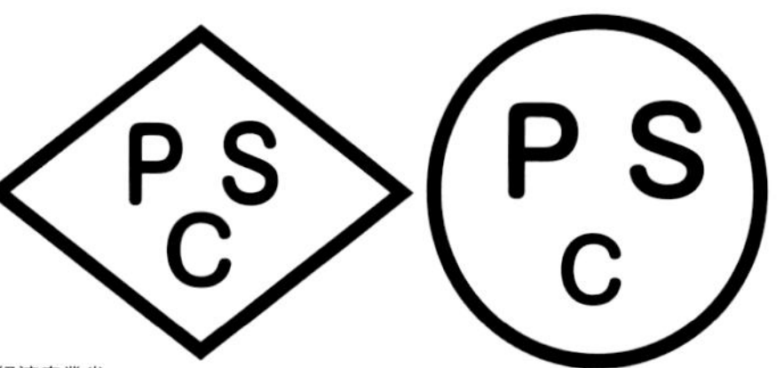

経済産業省

PSCマーク

家庭用品の中でも特に安全性の確保が求められているものについて、国の定めた基準に適合した製品につくマーク。「特別特定製品」（左）は乳幼児用ベッドなど。「特別特定製品以外の特定製品」（右）は乗車用ヘルメットなど。

消防庁登録者番号
防　炎
登録確認機関名

総務省消防庁

防炎ラベル

消防法に基づいた防炎性能があるカーテンやじゅうたんなどにつけられるマーク。

日本消防検定協会

NSマーク

国の規格に適合したエアゾール式簡易消火具などにつけられるマーク。

一般社団法人日本衛生材料工業連合会

W Wマーク

自主基準に適合した「ウエットティシュ」や「紙おしぼり」など、人が使用するウエットワイパーにつくマーク。

一般社団法人日本かばん協会

信頼のマーク

（一社）日本かばん協会の会員企業が日本国内でつくったかばんにつけられるマーク。

一般社団法人日本コンタクトレンズ協会

自主基準適合マーク

（一社）日本コンタクトレンズ協会の自主基準に適合した、洗浄剤などのコンタクトレンズ用ケア用品につくマーク。

花粉問題対策事業者協議会

JAPOCマーク

花粉問題対策事業者協議会の規格に基づく認証審査に合格した花粉対策製品につくマーク。花粉対策めがねやマスクなど。

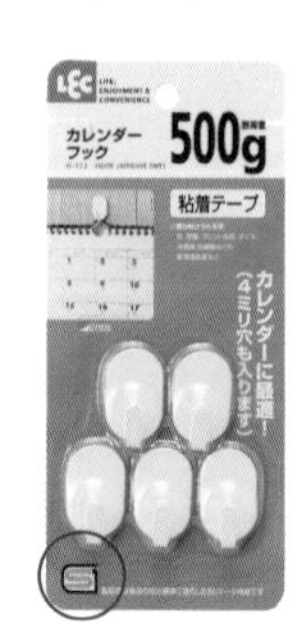

➡SGマークがついている商品

一般財団法人製品安全協会

SGマーク

製品安全協会の判定基準に適合した安全な製品につけられるマーク。製品の欠陥によって人身事故が起きた場合、対人賠償制度が利用できる。

生活害虫防除剤協議会の登録マーク

協議会が定めた自主基準に、安全性、有効性などで適合した生活害虫防除剤につくマーク。

生活害虫防除剤協議会

芳香消臭脱臭剤の適合マーク

芳香消臭脱臭剤協議会で定めた安全性、有効性、安定性、表示などの基準に適合した製品につくマーク。

芳香消臭脱臭剤協議会

➡芳香消臭脱臭剤の適合マークがついている製品。

すぐれたデザインのマーク

すぐれたデザインや、子どもに合ったデザインの製品であることを示すマークがあります。

Gマーク

グッドデザイン賞を受賞した製品・施設・取り組みなどにつくマーク。

公益財団法人日本デザイン振興会

特定非営利活動法人キッズデザイン協議会

キッズデザインマーク

子どもの安全性、創造性、子育てを考えた商品・施設などにつくマーク。

台所用品のマーク

台所で使う道具や器具についての基準や規格を満たしていることを示すマークがあります。

SVマーク

全国魔法瓶工業組合の定める安全基準に合格したガラス製まほうびんにつけられる認定マーク。

全国魔法瓶工業組合

IH認定マーク

IH（電磁調理器）での調理用として品質基準に合格したなべやポットなどのほうろう製品の目印。

一般社団法人日本琺瑯工業会

耐熱ガラス認証マーク

（一社）日本硝子製品工業会が定める基準に合格した「耐熱ガラス製品」であることを示すマーク。

一般社団法人日本硝子製品工業会

強化ガラス蓋認証マーク

（一社）日本硝子製品工業会が定める基準に合格した「強化ガラス蓋」であることを示すマーク。

一般社団法人日本硝子製品工業会

プラスチック・ゴムのマーク

プラスチックやゴムなどでつくられた製品についての基準や規格を満たしていることを示すマークがあります。

電子レンジ容器検済マーク

電子レンジ用プラスチック製容器検査済みの製品につくマーク。

日本プラスチック日用品工業組合

衛検済マーク

プラスチック製日用品の衛生検査済み製品につくマーク。

日本プラスチック日用品工業組合

品検済マーク

プラスチック製日用品の品質検査済み製品につくマーク。

日本プラスチック日用品工業組合

衛検済・品検済マーク

プラスチック製日用品の衛生および品質検査済み製品につくマーク。

日本プラスチック日用品工業組合

自主基準適合マーク

31種類の樹脂ごとに設けた基準に適合したプラスチック製食品容器・包装などの製品につくマーク。

ポリオレフィン等衛生協議会

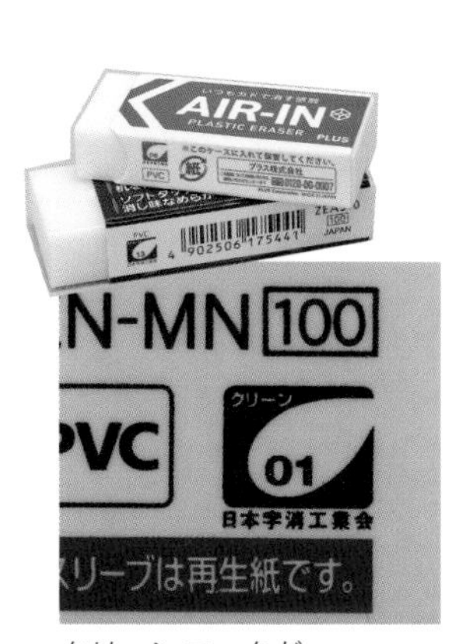

クリーンマークがついている製品。

JPCCマーク

プラスチック製カードケースの品質基準に適合している製品につくマーク。

日本プラスチック工業協同組合連合会

JPRマーク

プラスチック製定規の精度や品質基準に適合している製品につくマーク。

日本プラスチック工業協同組合連合会

家庭用手袋安全衛生マーク

家庭用手袋安全衛生規格に適合した家庭用ゴム・ビニール手袋製品につくマーク。

日本グローブ工業会

クリーンマーク

有害物質や性能などの自主規制に適合した消しゴムなどにつくマーク。

日本字消工業会

計量器のマーク

はかりについての基準や規格を満たしていることを示すマークがあります。

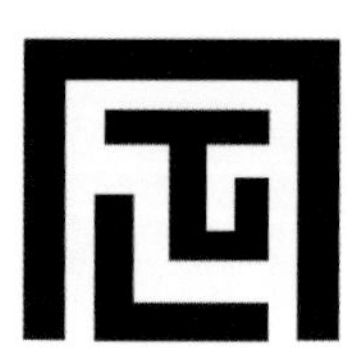

検定証印

体温計や水道メーターなど特定計量器に定められている計量器で、国などの公的機関が行う検定に合格した製品につくマーク。

経済産業省

基準適合証印

経済産業大臣指定の十分な品質管理能力を認められたメーカーが製造して自主検査し、合格した計量器につくマーク。

経済産業省

家庭用計量器のマーク

国が定めた技術基準に適合した家庭用の体重計・調理用はかりなどにつくマーク。

経済産業省

家庭用計量器のマークがついている製品。

びんのマーク

びんにつけられるマークです。

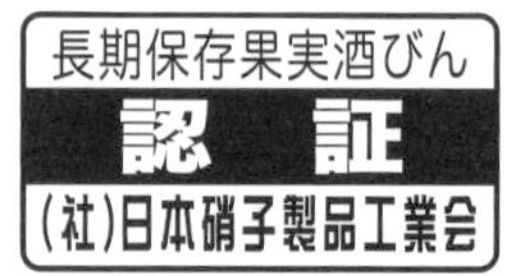

一般社団法人日本硝子製品工業会

長期保存果実酒びんマーク

(一社)日本硝子製品工業会が設けた品質規格基準に合格した安全、安心な長期保存果実酒びんにつくマーク。

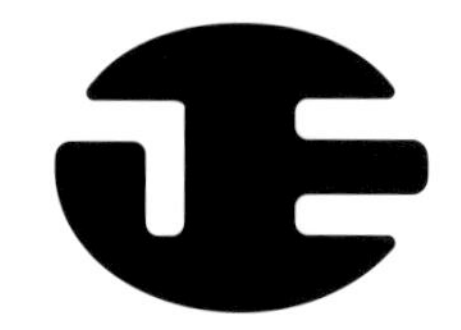

経済産業省

丸正マーク

容量などの基準に適合した特殊容器（ビールびん、しょうゆのびんなど)につくマーク。

自転車のマーク

自転車につけられるマークです。

公益財団法人日本交通管理技術協会

TSマーク

自転車安全整備士が点検整備した普通自転車につくマーク。有効期間はTSマークに記載されている日から1年間。青色マークと赤色マークがある。

一般社団法人自転車協会

BAAマーク

自転車安全基準に適合した自転車にはられるマーク。環境負荷物質の使用削減にも取り組んでいる。

家具のマーク

家具につけられるマークです。

一般社団法人日本家具産業振興会

室内環境配慮マーク

シックハウス対策に配慮した家具につくマーク。

一般財団法人日本消防設備安全センター

住宅防火安心マーク

住宅防火対策の目安になる基準に適合した製品につくマーク。

一般社団法人日本家具産業振興会

SAFUマーク

（一社）日本家具産業振興会のPL保険制度に加入するメーカーの家具製品につくマーク。

➡障子紙推奨マークがついている製品。

全国障子紙工業会

障子紙推奨マーク

工業会の定める障子紙規格に適合した製品につけられるマーク。

住宅のマーク

住宅は、長い期間にわたって使うものです。品質や安全性を示すマークや、もしも不具合があった場合に補償されることを示すマークがあります。

優良ソーラーシステム認証マーク

性能が優良であると認証された太陽熱利用システムにつくマーク。

一般社団法人ソーラーシステム振興協会

合わせガラス

安全ガラスシンボルマーク

JISに適合する強化ガラスと合わせガラスにつくマーク。マークの下の文字をふくむ。

板硝子協会

BLマーク

耐久性、安全性などにすぐれた住宅部品につくマーク。

一般財団法人ベターリビング

BL-bsマーク

BL部品のうち、環境の保全に寄与する特長などを持つ住宅部品につくマーク。

一般財団法人ベターリビング

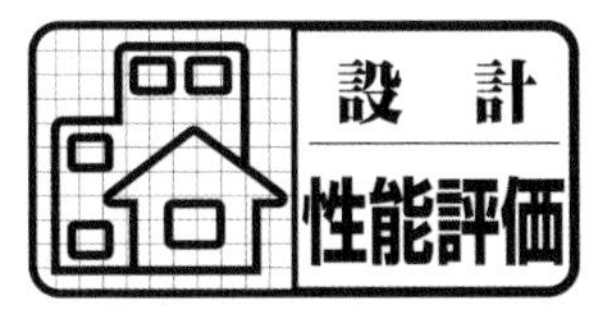

設計住宅性能評価マーク

登録住宅性能評価機関によって設計段階において基準を満たした住宅に交付されるマーク。

国土交通省

建設住宅性能評価マーク

登録住宅性能評価機関によって施工・完成段階の検査において基準を満たした住宅に交付されるマーク。

国土交通省

既存住宅性能評価マーク

既存住宅（いわゆる中古住宅）に交付される性能評価のマーク。

国土交通省

環境共生住宅認定マーク

４つの観点から基準に適合した住宅にあたえられるマーク。団地用もある。

一般財団法人 建築環境・省エネルギー機構

伝統的工芸品のマーク

ある地域で伝統的な技術を用いてつくられた工芸品には、そのことを消費者に知らせるシンボルマークがつけられています。

伝統マーク

経済産業大臣の指定を受けた伝統的工芸品につくマーク。

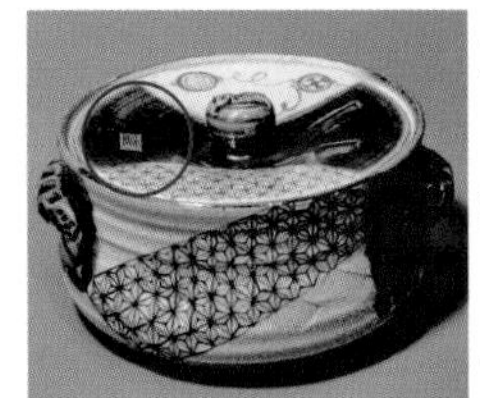

伝統マークを使った伝統証紙がはられている工芸品。

一般財団法人 伝統的工芸品産業振興協会

住宅瑕疵担保責任保険マーク

住宅を建てた会社が倒産した後に不具合が見つかった場合でも、修理費用をカバーしてくれることを示すマーク。

一般社団法人住宅瑕疵担保責任保険協会

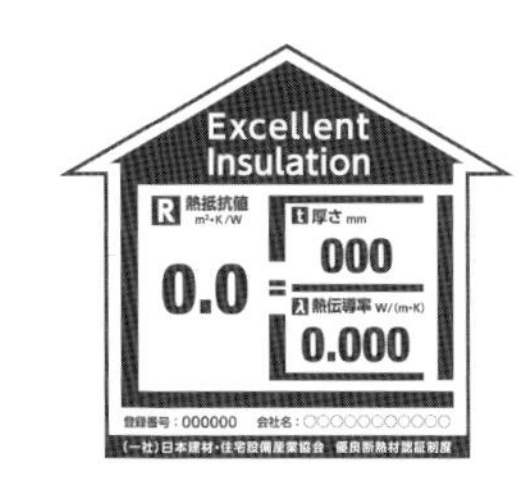

優良断熱材認証マーク

優良断熱材として認証された商品につくマーク。

一般社団法人日本建材・住宅設備産業協会

本や文房具などの記号

私たちの身近にある文房具などにも、さまざまな記号が使われています。たとえば、教科書やノートのサイズは、たいていA4かB5と呼ばれるものです。これはいろいろある紙のサイズを表す記号のひとつです。えん筆のしんのこさを表すBやHBも記号のひとつで、それぞれ意味があります。

本やノートなどの紙のサイズと記号

紙のサイズには、もとになる2つの種類があります。A0判とB0判の2つです。A0判を半分にしたのがA1判で、それをまた半分にしたのがA2判です。何回も半分にして、5回目、A0判の32分の１の大きさにしたものが、A5判です。ノートや教科書だけではなく、画用紙や手帳などさまざまな紙はA0判とB0判がもとになっています。

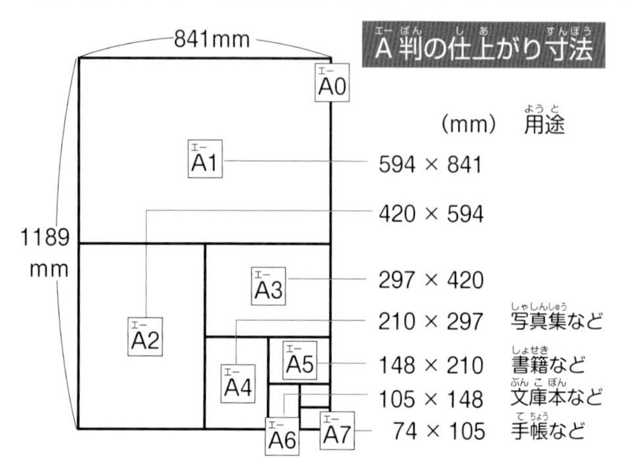

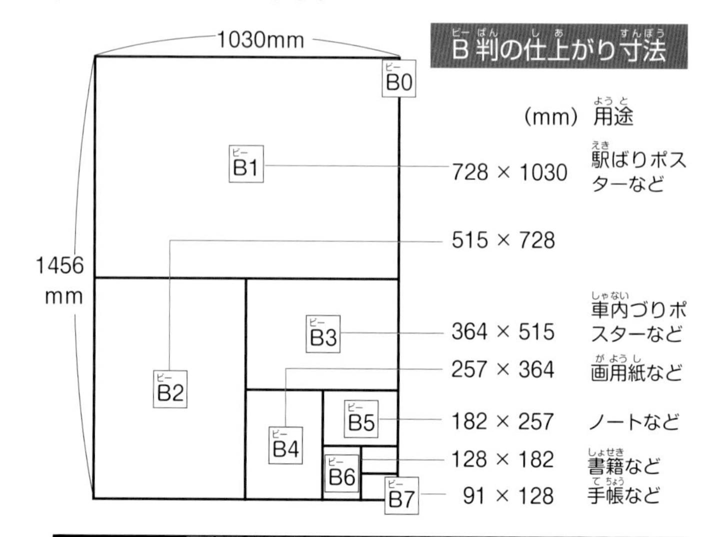

えん筆のしんのこさとかたさを表す記号

えん筆のしんのこさとかたさを表す記号には「H」や「F」「B」などがあります。HがHard(かたい)、FがFirm(中硬)、BがBlack（黒）の頭文字です。Hは数字が大きくなるほどうすくなり、Bは数字が大きくなるほどこくなります。

記号	6B	5B	4B	3B	2B	B	HB	F	H	2H	3H	4H	5H	6H	7H	8H	9H
色のこさ	こい					中間				うすい							
しんのかたさ	やわらかい					中間				かたい							
主な用途	スケッチ・デッサン					筆記				製図							

ベルマーク

文房具や食品などについているベルマークを、PTAなどで集めて、ベルマーク教育助成財団に送ると、一輪車や楽器、パソコンなど学校に必要な設備や教材を協力企業から割引で買うことができます。また、買った金額の10％がベルマーク財団に寄付され、さまざまな教育支援活動に使われます。2013年からは、インターネットのオンラインショップで買った金額の一部を、東日本大震災で被災した学校への支援金に当てるウェブベルマーク運動も行われています。

ノートなどについているベルマーク

公益財団法人ベルマーク教育助成財団

おもちゃのマーク

おもちゃは、子どもがあつかっても安全であるように気配りされています。安全性の基準を設け、それに合ったおもちゃに、マークがつけられています。環境に配慮してあることを示すマークもついています。

一般社団法人日本玩具協会

STマーク

玩具安全基準に合格した製品。万一事故が起こった場合に賠償補償制度あり。

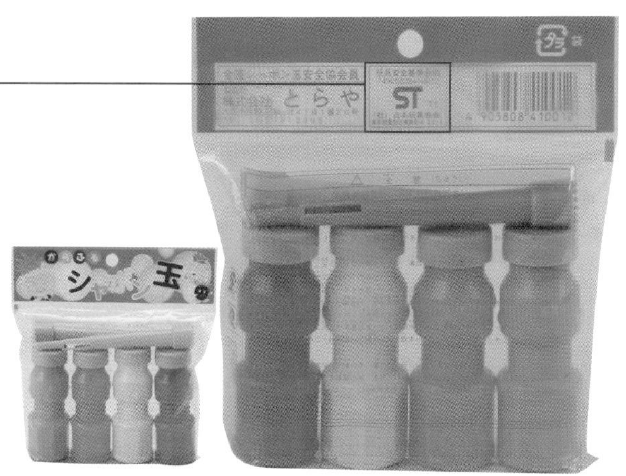

⬆商品のメーカー名の近くにＳＴマークがついている。

日本空気入ビニール製品工業組合

非フタル酸統一マーク

玩具安全基準およびフタル酸エステル含有基準検査に合格した空気入れビニール製品につくマーク。

株式会社タカラトミー

エコトイマーク

環境配慮の自社基準をクリアしたおもちゃに表示するマーク。

公益社団法人日本煙火協会

SFマーク

安全基準に合格したおもちゃ花火につくマーク。

特定非営利活動法人日本グッド・トイ委員会

グッド・トイマーク

市販のおもちゃの中から遊びのスペシャリストが選んだおもちゃにつけられる。

一般社団法人日本玩具協会

盲導犬マーク

目の不自由な子どもも一緒に遊べるおもちゃにつくマーク。

一般社団法人日本玩具協会

うさぎマーク

耳の不自由な子どももいっしょに遊べるおもちゃにつくマーク。

特定非営利活動法人（ＮＰＯ法人）コンピュータエンターテインメントレーティング機構

レーティング（年齢区分）マーク

ゲームソフトの表現内容により対象年齢を表示するマーク。CERO倫理規定に基づいて審査され、それぞれの表示年齢以上対象の内容がふくまれていることを示す。

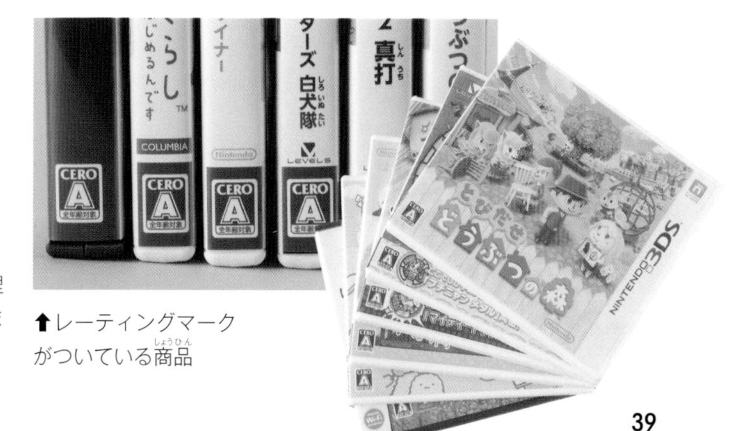

⬆レーティングマークがついている商品

安全を守るためのマーク

さまざまな製品には、使う人の安全を守るためのマークがついています。これらのマークは、何かをするように指示するマーク、何かに注意することを呼びかける注意マーク、何かをすることを禁じる禁止マークに分類されます。おもちゃ、スプレーかん、洗剤などには、注意マークがついています。

⚠注意
接触禁止
燃焼中や消火直後は、温風吹出口付近が高温となりますので、手などふれないでください。やけどのおそれがあります。

石油ファンヒーターについている注意マークと禁止マーク。高温になる部分に手などがふれてやけどをしないように、マークで注意をうながしている。

株式会社コロナ

注意のマーク

注意マークは黄色で、形は三角形をしています。

成分：鉱物油、防
＜警　告＞
スプレーしない
ようにする。●
があるので火気
場合
製品
電気
する
可燃性注意
＜使用上の注意
合は使用しない
に医師の診察を
流し、
直ちに
●逆
一般注意
意す
＜使用方法＞①
②局部的に使
ションチューブ
落としの場合は
シなどを使用し
●保管の際は
直射日光の当た
サビの発生し
置か
を使
きキ
破裂注意
ガス

スプレーかんについている注意マーク

一般注意
JIS S0101 6-2-1

発火注意
JIS S0101 6-2-2

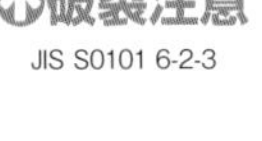

破裂注意
JIS S0101 6-2-3

感電注意
JIS S0101 6-2-4

高温注意
JIS S0101 6-2-5

回転物注意
JIS S0101 6-2-6

指のケガに注意

手をはさまれないよう注意

指示のマーク

指示マークは青色で、形は円形をしています。

↑一般指示
JIS S0101 6-3-1

↑電源プラグをコンセントから抜け
JIS S0101 6-3-2

↑必ずアース線を接続せよ
JIS S0101 4-1

禁止のマーク

禁止マークは赤色で、形は円に打ち消しの意味を持つななめの線が引かれている場合が多いです。

↑一般禁止
Z9101

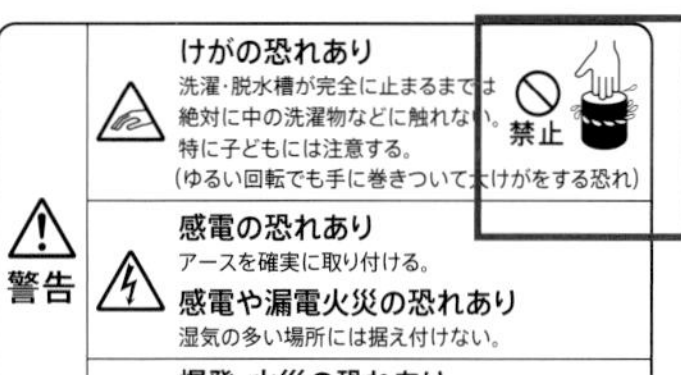

警告	けがの恐れあり 洗濯・脱水槽が完全に止まるまでは絶対に中の洗濯物などに触れない。特に子どもには注意する。 （ゆるい回転でも手に巻きついて大けがをする恐れ） 禁止
	感電の恐れあり アースを確実に取り付ける。 感電や漏電火災の恐れあり 湿気の多い場所には据え付けない。
	爆発、火災の恐れあり ガソリン、灯油、ベンジン、シンナー、アルコールなどが付着した衣類は近付けたり、入れたりしない。
注意	けがの恐れあり 防水性のシートや衣類は洗わない。 （脱水中に激しく振動して、本体の転倒や破損でけがをしたり、床や壁を破壊する恐れ）

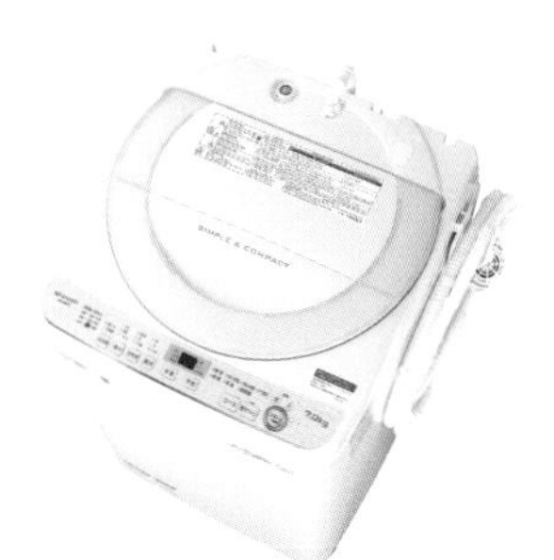

↑洗濯機の注意マーク。高速で回るモーターに手などを巻きこまれないように注意をうながすマークがついている。

シャープ株式会社
型番:ES-GE7C
発売日:2018年11月

↑火気禁止
JIS S0101 6-1-1

↑接触禁止
JIS S0101 6-1-2

↑風呂、シャワー室での使用禁止
JIS S0101 6-1-3

↑分解禁止
JIS S0101 6-1-4

↑水ぬれ禁止
JIS S0101 6-1-5

↑ぬれ手禁止
JIS S0101 6-1-6

扇風機の注意マーク。高速で回転する羽根に手がふれないように、マークで注意を呼びかけている。

日立グローバルライフソリューションズ株式会社

おもちゃの取りあつかいの注意を示すマーク

おもちゃは、小さい子どもが使うので、一般の製品以上に安全面に気をつける必要があります。取りあつかいの注意を示すマークもわかりやすく、ひらがなの文字がそえられています。

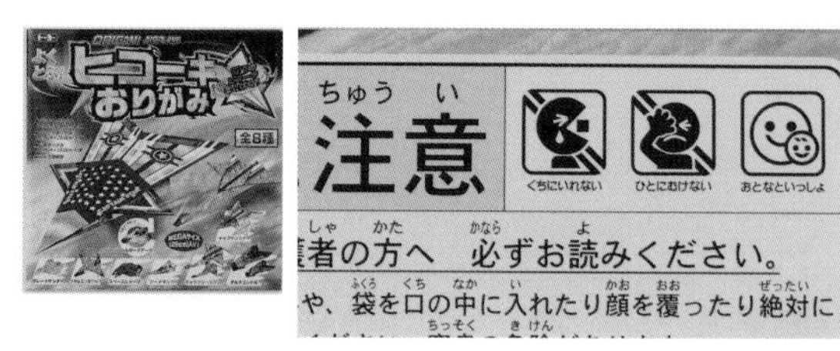

取りあつかいの注意を示すマークがついている折り紙。

ひにちかづけない
JIS S0101 2-1

くちにいれない
JIS S0101 2-2

みずにぬらさない
JIS S0101 2-3

ひとにむけない
JIS S0101 2-4

まきつけない
JIS S0101 2-5

うえにのらない
JIS S0101 2-6

おとなといっしょ

一般社団法人日本玩具協会

洗剤の取りあつかいの注意を示すマーク

漂白剤やトイレ用洗浄剤は、はたらきの強い薬品をふくむため、より細かい注意の表示があります。ほかの洗剤と混ぜないように呼びかけるマークもあります。

洗浄剤・漂白剤等安全対策協議会

子供に注意

目に注意

飲むな危険

酸性タイプと併用不可・塩素系と併用不可

他の容器に移し替えない

手袋着用

マスク・手袋着用

目に入った時は流水でよく洗う

必ず換気

使用後は手を水でよく洗う

専用スプレー

荷物の取りあつかいの注意を示すマーク

商品を店に運ぶための段ボール箱や、宅配便の入れ物などには、荷物を取りあつかうときに守らなければならないことがらを示した、JISで決められたマークがつけられています。

重心位置

JIS Z0150 1

つり位置

JIS Z0150 2

壊れもの

JIS Z0150 3

手かぎ禁止

JIS Z0150 4

ハンドトラック使用制限

JIS Z0150 5

取扱注意

JIS Z0150 6

フォーク差込み禁止

JIS Z0150 7

クランプ＊禁止

JIS Z0150 8

＊ねじつきの「コ」の字形の金具。

クランプ位置

JIS Z0150 9

転がし禁止

JIS Z0150 10

水ぬれ防止

JIS Z0150 11

直射日光遮へい

JIS Z0150 12

放射線防護

JIS Z0150 13

上方向

JIS Z0150 14

温度の制限

JIS Z0150 15

上積み質量制限

JIS Z0150 16

上積み段数制限

JIS Z0150 17

上積み禁止

JIS Z0150 18

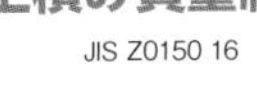

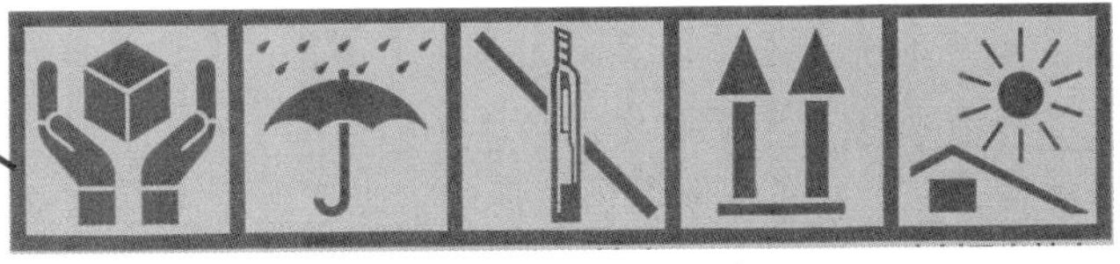

荷物の取りあつかいのマークには、JISのマークを元にしたり、独自に考えられたりして、段ボール会社などによってつくられたものもある。

われもの注意

手かぎ禁止

取扱注意

水ぬれ注意

カッター禁止

上(天地無用)

直射日光注意

踏付禁止

日常生活で利用する店などのマーク

私たちが、日常生活の中でものを買ったりサービスを受けたりするとき、さまざまな店や銀行、ホテルなどを利用します。業種によっては、その業界の団体がマークを定め、安全性や衛生面などでの基準を満たしていることを保証していることがあります。これらのマークは、私たちが利用するとき、どんな店なのか、どんなサービスが受けられるのかを知る目印にもなります。

畳店

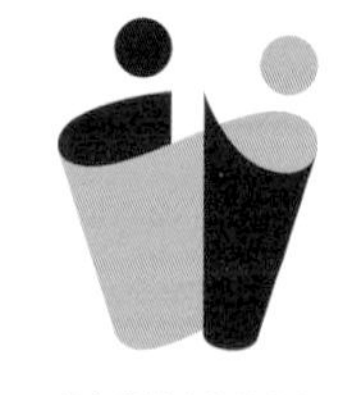

薬局

公益社団法人日本薬剤師会

街で見つけるさまざまなマーク

理容店

銀行

不動産会社

安心と信頼のクリーニング店
クリーニングのクリちゃん

クリーニング店

お米マイスター
日本米穀小売商業組合連合会
三ツ星お米マイスターに認定されました。
お米のことは、なんでもご相談ください。

米店

ビール共通券・清酒券
取扱店
全酒協

酒販店

ソフトバンク株式会社

ソフトバンクWi-Fiスポット。ソフトバンクが設置したWi-Fiスポットで、条件により無料で利用できる。

LAWSON
Free Wi-Fi

株式会社ローソン

ローソンWi-Fiサービス。ローソン店内で利用できる無料Wi-Fiスポット。

シューフィッターマーク

くつ選びのアドバイザーとして、足とくつの知識を専門的に勉強したシューフィッターがいる店であることを示す。

一般社団法人足と靴と健康協議会

ホテル・旅館のマーク

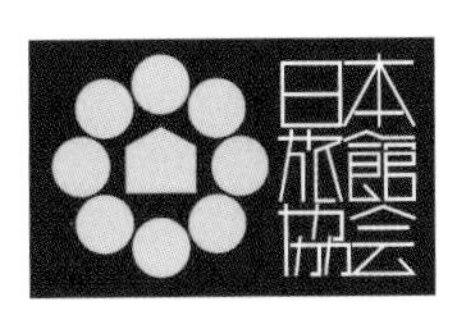

日本旅館協会マーク

協会に加盟している旅館・ホテルで表示。

一般社団法人日本旅館協会

天然温泉表示マーク

協会に加盟している温泉旅館・ホテル・入浴施設などで表示。

一般社団法人日本温泉協会

防火セイフティマーク

左は、防火安全基準に適合したホテルなどに表示。右は3年間続けて消防法令を守っていることを示す。

総務省消防庁

旅行会社のマーク

JATAマーク

協会に加盟している旅行会社で表示。

一般社団法人日本旅行業協会

ボンド保証会員マーク

ボンド保証会員になっている旅行会社を示す。

一般社団法人日本旅行業協会

e-TBTマーク

インターネットを利用した旅行取り引きをする旅行会社を示す。

一般社団法人日本旅行業協会

いろいろな店・業者のマーク

JADMAマーク

日本通信販売協会の正会員であることを示すマーク。通信販売の広告につく。

公益社団法人日本通信販売協会

全外協加盟校マーク

公正な外国語学校運営を行っている全国外国語教育振興協会加盟校のマーク。

一般社団法人全国外国語教育振興協会

日本エステティック業協会会員証

協会の会員であることを示す。

一般社団法人日本エステティック業協会

JDSAマーク

訪問販売で公正な取り引きに努めている会員事業者のマーク。

公益社団法人日本訪問販売協会

衛生マーク

厚生労働省の指導基準による処理済みのおしぼりをあつかっている業者にあたえられるマーク。

全国おしぼり協同組合連合会

取引適正マーク

関係法令および、自主行動基準などで基準に適した流通形態である販売会社が表示しているマーク。

健康関連取引適正事業団

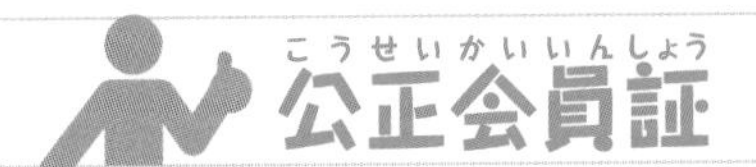

業種によっては、公正取引協議会が適正な表示をしていることを認定するマークもあります。このうち、店頭につけるものが公正会員証です。

うその表示や行き過ぎた表示などを行わないことを定めた眼鏡公正表示規約を守っていることを示す。

眼鏡公正取引協議会

眼鏡公正取引協議会会員証

うその表示や行き過ぎたおまけの提供を行わないことを定めた公正競争規約に参加している不動産会社が掲示する。

公益社団法人首都圏不動産公正取引協議会

不動産会社公正マーク

3巻さくいん

英字

あ

か

さ

NDC
030

監修　太田幸夫

改訂版　NEWマーク・記号の大百科 全6巻
③食品や衣類、家庭用品

学研プラス　2020　48P　26.5cm
ISBN978-4-05-501316-1　C8301

◆監修　太田幸夫（おおたゆきお）

グラフィックデザイナー。多摩美術大学教授、日本サイン学会会長、NPO法人サインセンター理事長を経て太田幸夫デザインアソシエーツ代表、一般財団法人国際ユニバーサルデザイン協議会評議員。非常口サインを世界標準の図記号にするなど、ピクトグラムデザインにおいて国の内外で活躍。
おもな著書に、『ピクトグラム［絵文字］デザイン』（柏書房）、『ピクトグラムのおはなし』（日本規格協会）、『記号学大事典』（共著／柏書房）、『サイン・コミュニケーション』（共編著／柏書房）、『世界のマーク-由来や意味が分かる343点』（監修／主婦の友社）、『マーク・記号の大百科』全6巻（監修／学研）、『決定版 まるわかり記号の大事典』（監修／くもん出版）などがある。

監　　修　太田幸夫
写　　真　金子写真事務所
表紙画像　農林水産省、全国飲用牛乳公正取引協議会、日本トゥースフレンドリー協会、一般社団法人カメラ映像機器工業会、経済産業省、総務省、欧州委員会、一般財団法人家電製品協会、公益財団法人日本デザイン振興会、公益財団法人ベルマーク教育助成財団、JIS S0101 6-1-6、JIS S0101 6-3-2
装　　丁　辻中浩一・小池万友美（ウフ）
本文デザイン　isotope
編集協力　大悠社
文　大悠社（大島善徳　西田哲郎）

参考文献

『ピクトグラム［絵文字］デザイン』太田幸夫／著（柏書房）
『記号学大事典』坂本百大・川野洋・磯谷孝・太田幸夫／編集（柏書房）
『マーク・記号の大百科』太田幸夫／監修（学研）
『記号の図鑑』全５巻　江川清　太田幸夫／編著（あかね書房）
『決定版 まるわかり記号の大事典』太田幸夫／監修（くもん出版）
『記号とマーク・クイズ図鑑』村越愛策／監修（あかね書房）
『記号の事典［セレクト版］第3版』江川清　青木隆　平田嘉男／編（三省堂）
『しらべ図鑑マナペディア　マークと記号』村越愛策／監修（講談社）
『世界のサインとマーク』村越愛策／監修（世界文化社）
『もっと知りたい！図鑑　マーク・記号まるごと図鑑』村越愛策　児山啓一／監修（ポプラ社）
『世界のマーク-由来や意味が分かる343点』太田幸夫／監修（主婦の友社）
『よくわかる！　記号の図鑑』全５巻　木村浩／監修（あかね書房）
『JISマーク表示制度　より広く、より親しみやすく』（経済産業省産業技術環境局　認証課）
『カメラ映像機器工業会ガイドライン　デジタルカメラの図記号に関するガイドライン』標準化委員会／編著（一般社団法人カメラ映像機器工業会）
『耐熱ガラス製品の新しいマークができました。』（社団法人日本硝子製品工業会）
『強化ガラス蓋の新しいマークができました。』（社団法人日本硝子製品工業会）
『既存住宅の住宅性能表示制度ガイド』（国土交通省住宅局住宅生産課）
『家電製品の安全確保のための表示に関するガイドライン　第４版』（財団法人家電製品協会）

※本書は、『NEWマーク・記号の大百科』（2016年刊）を改訂したものです。

改訂版　NEWマーク・記号の大百科 全6巻
③食品や衣類、家庭用品

2020年２月18日　第１刷発行

発行人　土屋　徹
編集人　芳賀靖彦
企画編集　澄田典子　冨山由夏
発行所　株式会社 学研プラス
〒141-8415 東京都品川区西五反田２-11-８
印刷所　凸版印刷株式会社

この本に関する各種お問い合わせ先
●本の内容については　Tel 03-6431-1617（編集部直通）
●在庫については　Tel 03-6431-1197（販売部直通）
●不良品（落丁、乱丁）については　Tel 0570-000577（学研業務センター）
〒354-0045 埼玉県入間郡三芳町上富279-1
●上記以外のお問い合わせは　Tel 03-6431-1002（学研お客様センター）

学研の書籍・雑誌についての新刊情報・詳細情報は、下記をご覧ください。
学研出版サイト　https://hon.gakken.jp/

特別堅牢製本図書

改訂版 NEW

マーク・記号の大百科

1 ことばや文化、スポーツ

2 算数や理科、気象

3 **食品や衣類、家庭用品**

4 街や交通、地図

5 国旗や都市、団体

6 環境や福祉、防災